dtv

Seine Bildergeschichten sind weltberühmt, Wilhelm Busch als Dichter aber geriet darüber etwas in Vergessenheit. Daher sind in dieser Sammlung von ›Reimweisheiten‹ neben vertrauten Versen auch viele unbekanntere Gedichte zu entdecken. Das Menschliche und Allzumenschliche aufzuspießen – sei es als Zeichner oder Lyriker – war für diesen Künstler das zentrale Thema seines Lebens. Doch der große Menschenbeobachter und Moralist serviert seine Ansichten und Einsichten so heiter und witzig, dass sie bis heute lehrreich und vergnüglich sind.

Wilhelm Busch, geboren am 15. April 1832 in Wiedensahl bei Hannover, gestorben am 9. Januar 1908 in Mechtshausen im Harz, studierte nach dem Willen des Vaters Maschinenbau, wechselte dann aber an die Kunstakademie Düsseldorf. Als dichtender Zeichner gewann er seit der Mitte des 19. Jahrhunderts mit seinen kritisch-humoristischen Geschichten die bis heute anhaltende Gunst des Publikums.

Der Herausgeber *Günter Stolzenberger* lebt als wissenschaftlicher Autor in Frankfurt am Main und hat bereits zahlreiche Anthologien veröffentlicht.

Wilhelm Busch

Und überhaupt und sowieso

Reimweisheiten

Ausgewählt und herausgegeben
von
Günter Stolzenberger

Deutscher Taschenbuch Verlag

Von Günter Stolzenberger sind im
Deutschen Taschenbuch Verlag erschienen:
Ringelnatz: Zupf dir ein Wölkchen. Gedichte (13301)
Tucholsky: Dürfen darf man alles.
Lebensweisheiten (13431)

Originalausgabe
Dezember 2007
Deutscher Taschenbuch Verlag GmbH & Co. KG,
München
www.dtv.de

Umschlagkonzept: Balk & Brumshagen
Umschlagbild: ›Der Partikularist‹ aus den ›Fliegenden Blättern‹,
Zeichnung von Wilhelm Busch
Gesetzt aus der Stempel Garamond
Satz: Karlheinz Hülser, Konstanz
Druck und Bindung: Druckerei C.H. Beck, Nördlingen
Gedruckt auf säurefreiem, chlorfrei gebleichtem Papier
Printed in Germany · ISBN 978-3-423-13624-2

Inhalt

Mir scheint, der Vogel hat Humor

Es stand vor eines Hauses Tor
Ein Esel mit gespitztem Ohr,
Der käute sich ein Bündel Heu
Gedankenvoll und still entzwei. –

Nun kommen da und bleiben stehn
Der naseweisen Buben zween,
Die auch sogleich, indem sie lachen,
Verhaßte Redensarten machen,

Womit man denn bezwecken wollte,
Daß sich der Esel ärgern sollte. –

Doch dieser hocherfahrne Greis
Beschrieb nur einen halben Kreis,
Verhielt sich stumm und zeigte itzt
Die Seite, wo der Wedel sitzt.
Kritik des Herzens

Wankelmut

Was bin ich alter Bösewicht
So wankelig von Sinne.
Ein leeres Glas gefällt mir nicht,
Ich will, daß was darinne.

Das ist mir so ein dürr Geklirr;
He, Kellnerin, erscheine!

Laß dieses öde Trinkgeschirr
Befeuchtet sein von Weine!

Nun will mir aber dieses auch
Nur kurze Zeit gefallen;
Hinunter muß es durch den Schlauch
Zur dunklen Tiefe wallen. –

So schwank ich ohne Unterlaß
Hinwieder zwischen beiden.
Ein volles Glas, ein leeres Glas
Mag ich nicht lange leiden.

Ich bin gerade so als wie
Der Erzbischof von Köllen,
Er leert sein Gläslein wuppheidi
Und läßt es wieder völlen.
Dideldum

Gemartert

Ein gutes Tier
Ist das Klavier,
Still, friedlich und bescheiden,
Und muß dabei
Doch vielerlei
Erdulden und erleiden.

Der Virtuos
Stürzt darauf los
Mit hochgesträubter Mähne.
Er öffnet ihm
Voll Ungestüm
Den Leib, gleich der Hyäne.

Und rasend wild,
Das Herz erfüllt
Von mörderlicher Freude,
Durchwühlt er dann,
Soweit er kann,
Des Opfers Eingeweide.

Wie es da schrie,
Das arme Vieh,
Und unter Angstgewimmer
Bald hoch, bald tief
Um Hilfe rief,
Vergess' ich nie und nimmer.
Zu guter Letzt

Kinder, lasset uns besingen,
Aber ohne allen Neid,
Onkel Kaspers rote Nase,
Die uns schon so oft erfreut.

Einst ward sie als zarte Pflanze
Ihm von der Natur geschenkt;
Fleißig hat er sie begossen,
Sie mit Wein und Schnaps getränkt.

Bald bemerkte er mit Freuden,
Daß die junge Knospe schwoll,
Bis es eine Rose wurde,
Dunkelrot und wundervoll.

Alle Rosen haben Dornen,
Diese Rose hat sie nicht,
Hat nur so ein Büschel Haare,
Welches keinen Menschen sticht.

Ihrem Kelch entströmen süße
Wohlgerüche, mit Verlaub:
Aus der wohlbekannten Dose
Schöpft sie ihren Blütenstaub.

Oft an einem frischen Morgen
Zeigt sie uns ein duftig Blau,
Und an ihrem Herzensblatte
Blinkt ein Tröpfchen Perlentau.

Wenn die andern Blumen welken,
Wenn's im Winter rauh und kalt,
Dann hat diese Wunderrose
Erst die rechte Wohlgestalt.

Drum zu ihrem Preis und Ruhme
Singen wir dies schöne Lied.
Vivat Onkel Kaspers Nase,
Die zu allen Zeiten blüht!
Kritik des Herzens

Die Eier

Das weiß ein jeder, wer's auch sei,
Gesund und stärkend ist das Ei. –
Nicht nur in allerlei Gebäck,
Wo es bescheiden im Versteck;
Nicht nur in Soßen ist's beliebt,
Weil es denselben Rundung gibt;
Nicht eben dieserhalben nur –
Nein, auch in leiblicher Statur,
Gerechtermaßen abgesotten,
Zu Pellkartoffeln, Butterbroten,
Erregt dasselbe fast bei allen
Ein ungeteiltes Wohlgefallen;
Der Geburtstag oder Die Partikularisten

Schreckliche Folgen eines Bleistifts
Ballade

1. O Madrid, ich muß dich hassen,
Denn du hast ihn schnöd verkannt,

Den Murillo seinen besten
Schüler stets mit Stolz genannt.

Keiner hatte wie Pedrillo
Dieses lange Lockenspiel,
Keiner trug Hispaniens Mantel
Mit so vielem Kunstgefühl.

Keiner wiegte auf dem Haupte
Solchen hohen, spitzen Hut,
Und das edle Bleistiftspitzen
Konnt' er aus dem Grunde gut.

Meistens nahm er Nro. 7
Und mit kunstgeübter Hand
Spitzt' er ihn an beiden Enden,
Weil er dieses praktisch fand.

Einstmals merkte dies Murillo
Und er sprach mit ernstem Ton:
»Was ich eben da bemerke,
Das gefällt mir nicht, mein Sohn;

Denn ich glaube, daß du hierin
Sehr auf falschem Wege bist,
Weil es erstens sehr gefährlich,
Zweitens auch nicht nötig ist.«

Doch Pedrillo (wie gewöhnlich
Diese jungen Leute sind)
Schlug Murillos weise Lehre –
Lirum, larum! in den Wind.

2. Übrigens (das muß man sagen)
Was die edle Kunst betraf,
Überhaupt in seinem Fache,
War Pedrillo wirklich brav.

So z. B. die Madonna;
Ja, wer hätte das gedacht?
Selbst der große Don Murillo
Hätte Beßres nicht gemacht.

Aber so was kostet Mühe
Und es kostet auch noch Geld,
Denn Pedrillo hatte häufig
Sich dazu Modell bestellt.

Sie war eine Schneiderstochter
Aus der Vorstadt von Madrid,
Schwarze Augen, blonde Flechten
Brachte dieses Mädchen mit.

Als Pedrillo nun gemalet
Dieses Mädchen als Porträt,
War der große Don Murillo
Auch nicht ungern in der Näh'.

Früh vom Morgen bis zum Abend
Unterweist der Meister ihn
Und Pedrillo folgte willig
Stets mit eifrigem Bemühn.

Aber abends, wo ein jeder
Gerne seine Ruhe hat,
Führt' Pedrillo jenes Mädchen
Oft spazieren vor die Stadt.

Einstmals merkte dies Murillo
Und er sprach mit ernstem Ton:
»Was ich eben da bemerke,
Das gefällt mir nicht, mein Sohn;

Denn ich glaube, daß du hierin
Sehr auf falschem Wege bist,
Weil es erstens sehr gefährlich,
Zweitens auch nicht nötig ist.«

Doch Pedrillo (wie gewöhnlich
Diese jungen Leute sind)
Schlug Murillos weise Lehre –
Lirum, larum! in den Wind.

3. Schon am nächsten Donnerstage,
Als ein schöner Abend war,
Sah man draußen vor dem Tore
Dieses pflichtvergess'ne Paar.

Zu dem dort'gen Myrtenhaine
Gingen sie im Mondeslicht,
Aber keiner sah sie wieder,
Wenigstens lebendig nicht.

Denn es sprach zu ihr Pedrillo:
»Sprich, Geliebte, liebst du mich?«
Und sie preßt ihn an den Busen,
Sprechend: »Ja, ich liebe dich!«

»Au!« schrie plötzlich da Pedrillo,
Und das Mädchen schrie es auch;
Tödlich fielen beide nieder
Unter einem Myrtenstrauch.

Keiner wußte, was geschehen,
Bis des Morgens in der Früh;
Denn da kam ein alter Klausner
Durch den Wald und merkte sie.

Und als er die beiden Leichen
In der Nähe sich besah,
Fand er alles sehr natürlich,
Denn – ach Gott! – was fand er da?

Ach! ein Bleistift Nro. 7,
Den Pedrillo zugespitzt,
Zugespitzt an beiden Enden,
Hatte dieses Blut verspritzt.

Als Murillo dies vernommen,
Sprach er sanft und weinte sehr:
»Ach! O Jüngling, spitze niemals
Einen harten Bleistift mehr!

Führe Mädchen nie spazieren,
Denn dies Beispiel zeigt es klar,
Daß es erstens sehr gefährlich,
Zweitens auch nicht nötig war.«
Fliegende Blätter

Romanze vom nützlichen Soldaten

Rieke näht auf die Maschine;
Nischke ist bei's Militär,
Dennoch aber ließ sie ihne
Niemals nahe bei sich her.

Wozu, fragte sie verächtlich,
Wozu hilft mich der Soldat,
Wenn man bloß durch ihn hauptsächlich
So viel hohe Steuern hat? –

Einstmals ging sie in das Holze,
Nischke wollte gerne mit;
Aber nein, partu nicht wollt se,
Daß er ihr dahin beglitt.

Plötzlich springt aus das Gebüsche
Auf ihr zu ein alter Strolch;
Stiere Augen, wie die Fische,
Kalte Hände, wie der Molch.

Runter, schreit er, mit die Kleider,
Denn Sie lebt in Überfluß,
Da ich ein Fabrikarbeiter,
Der sich was verdienen muß.

Weinend fällt das Kleid und Röckchen,
Zitternd löst sich der Turnür,
Nur ein kurzes Unterglöckchen
Schützt vor Scham und Kälte ihr.

Bauz! Da fällt ein Schuß mit Schroten.
Fluchend lauft der Vagabund
Mit verletztem Hosenboden
In des Waldes Hintergrund.

Das tat Nischke, der trotz allen
Rieken heimlich nachgeschleicht,
Die sich unter Dankeslallen
Jetzt um seinen Hals verzweigt.

O ihr Mädchens, laßt euch raten,
Ehrt und liebet den Soldat;
Weil er sonst vor seine Taten
Nicht viel zu verzehren hat.
Einzelne Gedichte

Wirklich, er war unentbehrlich!
Überall, wo was geschah
Zu dem Wohle der Gemeinde,
Er war tätig, er war da.

Schützenfest, Kasinobälle,
Pferderennen, Preisgericht,
Liedertafel, Spritzenprobe,
Ohne ihn da ging es nicht.

Ohne ihn war nichts zu machen,
Keine Stunde hatt er frei.
Gestern, als sie ihn begruben,
War er richtig auch dabei.
Kritik des Herzens

Bis auf weiters

Das Messer blitzt, die Schweine schrein,
Man muß sie halt benutzen,
Denn jeder denkt: »Wozu das Schwein,
Wenn wir es nicht verputzen?«

Und jeder schmunzelt, jeder nagt
Nach Art der Kannibalen,
Bis man dereinst Pfui Teufel! sagt
Zum Schinken aus Westfalen.
Schein und Sein

Wenn alles sitzen bliebe,
Was wir in Haß und Liebe
So voneinander schwatzen;
Wenn Lügen Haare wären,
Wir wären rauh wie Bären
Und hätten keine Glatzen.
Kritik des Herzens

Es sitzt ein Vogel auf dem Leim,
Er flattert sehr und kann nicht heim.
Ein schwarzer Kater schleicht herzu,
Die Krallen scharf, die Augen gluh.
Am Baum hinauf und immer höher
Kommt er dem armen Vogel näher.

Der Vogel denkt: Weil das so ist
Und weil mich doch der Kater frißt,
So will ich keine Zeit verlieren,
Will noch ein wenig quinquilieren
Und lustig pfeifen wie zuvor.
Der Vogel, scheint mir, hat Humor.
Kritik des Herzens

Immer kommt mir was dazwischen

Ach, wie geht's dem heilgen Vater!
Groß und schwer sind seine Lasten,
Drum, o Joseph, trag den Gulden
In Sankt Peters Sammelkasten!

So sprach im Seelentrauerton
Die Mutter zu dem frommen Sohn.
Der Joseph, nach empfangner Summe,
Eilt auch sogleich ums Eck herumme,

Bis er das Tor des Hauses fand,
Wo eines Bockes Bildnis stand,
Was man dahin gemalt mit Fleiß
Zum Zeichen, daß hier Bockverschleiß.

Allhier in einem kühlen Hof
Setzt sich der Joseph hin und soff;
Und aß dazu, je nach Bedarf,
Die gute Wurst, den Radi scharf,

Bis er, was nicht gar lange währt,
Sankt Peters Gulden aufgezehrt.
Nun wird's ihm trauriglich zu Sinn
Und stille singt er vor sich hin:

Ach, der Tugend schöne Werke,
Gerne möcht ich sie erwischen,
Doch ich merke, doch ich merke,
Immer kommt mir was dazwischen.
Kritik des Herzens

Lieder eines Lumpen

Ich hatt' einmal zehn Gulden! –
Da dacht' ich hin und her,
Was mit den schönen Gulden
Nun wohl zu machen wär'.

Ich dacht' an meine Schulden,
Ich dacht' ans Liebchen mein,
Ich dacht' auch ans Studieren –
Das fiel zuletzt mir ein.

Zum Lesen und Studieren
Da muß man Bücher han,
Und jeder Manichäer
Ist auch ein Grobian.

Und obendrein das Liebchen,
Das Liebchen fromm und gut,
Das quälte mich schon lange
Um einen neuen Hut.

Was sollt' ich Ärmster machen?
Ich wußt' nicht aus noch ein. –
Im Wirtshaus an der Brucken
Da schenkt man guten Wein.

Im Wirtshaus an der Brucken,
Saß ich den ganzen Tag.

Ich saß wohl bis zum Abend
Und sann dem Dinge nach.

Im Wirtshaus an der Brucken,
Da wird der Dümmste klug.
Des Nachts um halber zwölfe,
Da war ich klug genug.

Des Nachts um halber zwölfe
Hub ich mich von der Bank
Und zahlte meine Zeche
Mit zehen Gulden blank.

Ich zahlte meine Zeche,
Da war mein Beutel leer. –
Ich hatt' einmal zehn Gulden.
Die hab' ich jetzt nicht mehr.
Fliegende Blätter

Der zu wachsame Hund

Vom Wirtshaus kommt Herr Petermann,
Sein treuer Hund geht ihm voran.

Pardauz! Da liegt Herr Petermann,
Weil er den Steg nicht finden kann.

Und traurig schaut der Hund ihn an. – –
Doch sieh! Dort naht ein Wandersmann.

Mitleidig naht der Wandersmann,
Zu retten den Herrn Petermann:

Doch als er faßt Herrn Petermann,
Packt ihn der Hund von hinten an.

Der Wandrer läuft so schnell er kann.
Im Graben bleibt Herr Petermann.

Und als die dunkle Nacht verrann,
Schlug seinen Hund Herr Petermann.

Moral.

So du nachts gern zur Schenke gehst
Und heimwärts nicht recht feste stehst,
Dann halt' ein Hündlein dir zumeist,
Was weder vorn noch hinten beißt!
Fliegende Blätter

Der Lohn einer guten Tat

Wenn man von dem Lohn der Tugend
Hin und wieder was erfährt,

So ist das im allgemeinen
Jedenfalls nur wünschenswert.

Aber so was kann mich ärgern,
Wenn man in der Zeitung sieht,
Was dem Johann Luënicka
Für sein gutes Werk geschieht.

Von Geburt aus Leitomischl,
Handwerksbursche von Metjeh,
Kam er auch auf seiner Reise
Einst an einen großen See.

Plötzlich sieht er einen Knaben,
Welcher etwa dreizehn Jahr',
Und, nachdem er sich gebadet,
Eben beim Ertrinken war.

Dieses kann Johann nicht leiden,
Stürzt sich mutig in die Flut,
Faßt das Kind beim linken Beine,
Aber – ach – verliert den Hut.

Erst jedoch, nachdem er alle
Rettungsmittel angewandt,
Fühlt er mittels seiner Hände,
Daß er seinen Hut nicht fand.

Unbemittelt und vertrauend
Auf das Werk, das er getan,
Hält er bei der Ortsgemeinde
Höflichst um Belohnung an.

Hier nimmt man das Anersuchen
Auch sogleich zu Protokoll
Und berichtet an das Kreisamt,
Wie man sich verhalten soll.

Von dem Kreisamt schreibt man wieder,
Und der Brave ist schon froh;
Aber groß war sein Erstaunen;
Denn die Antwort lautet so:

»Erstens, da der Luënicka
Schwimmen kann, so ist es klar,
Daß sein Leben bei der Sache
Nicht besonders in Gefahr.

Drum, nach reiflichem Bedenken,
Lautet unser Amtsbeschluß,
Daß die fragliche Belohnung
Jedenfalls von Überfluß.

Zweitens, hat der Luënicka
Sein Ersuchen eingeschickt,
Ohne daß, wie es gesetzlich,
Ihm ein Stempel aufgedrückt.

Drum, nach reiflichem Bedenken,
Lautet unser Amtsbeschluß,
Daß er 72 Kreuzer
Stempeltaxe zahlen muß.« –

Ja, so lautet das Erkenntnis. –
Zahlen muß der junge Mann,
Ob ihm gleich von jedem Auge
Eine stille Träne rann.

Und wir fragen uns im stillen:
Wozu nützt die gute Tat,
Wenn ein tugendsamer Jüngling
Obendrein noch Kosten hat?!
Fliegende Blätter

Der alte Förster Püsterich
Der ging nach langer Pause
Mal wieder auf den Schnepfenstrich
Und brachte auch eine nach Hause.

Als er sie nun gebraten hätt,
Da tät ihn was verdreußen;
Das Tierlein roch wie sonst so nett,
Nur konnt er's nicht recht mehr beißen.

Ach ja! So seufzt er wehgemut
Und wischt sich ab die Träne,

Die Nase wär so weit noch gut,
Nur bloß, es fehlen die Zähne.
Kritik des Herzens

Gestern war in meiner Mütze
Mir mal wieder was nicht recht;
Die Natur schien mir nichts nütze
Und der Mensch erbärmlich schlecht.

Meine Ehgemahlin hab ich
Ganz gehörig angeplärrt,
Drauf aus purem Zorn begab ich
Mich ins Symphoniekonzert.

Doch auch dies war nicht so labend,
Wie ich eigentlich gedacht,
Weil man da den ganzen Abend
Wieder mal Musik gemacht.
Kritik des Herzens

Die Mücken

Dich freut die warme Sonne.
Du lebst im Monat Mai.
In deiner Regentonne
Da rührt sich allerlei.

Viel kleine Tierlein steigen
Bald auf-, bald niederwärts,
Und, was besonders eigen,
Sie atmen mit dem Sterz.

Noch sind sie ohne Tücken,
Rein kindlich ist ihr Sinn.
Bald aber sind sie Mücken
Und fliegen frei dahin.

Sie fliegen auf und nieder
Im Abendsonnenglanz
Und singen feine Lieder
Bei ihrem Hochzeitstanz.

Du gehst zu Bett um zehne,
Du hast zu schlafen vor,
Dann hörst du jene Töne
Ganz dicht an deinem Ohr.

Drückst du auch in die Kissen
Dein wertes Angesicht,
Dich wird zu finden wissen
Der Rüssel, welcher sticht.

Merkst du, daß er dich impfe,
So reib mit Salmiak
Und dreh dich um und schimpfe
Auf dieses Mückenpack.

Zu guter Letzt

Bedächtig

Ich ging zur Bahn. Der Abendzug
Kam erst um halber zehn.
Wer zeitig geht, der handelt klug,
Er kann gemütlich gehn.

Der Frühling war so warm und mild,
Ich ging wie neubelebt,
Zumal ein wertes Frauenbild
Mir vor der Seele schwebt.

Daß ich sie heut noch sehen soll,
Daß sie gewiß noch wach,
Davon ist mir das Herz so voll,
Ich steh und denke nach.

Ein Häslein, das vorüberstiebt,
Ermahnt ich: Laß dir Zeit,
Ein guter Mensch, der glücklich liebt,
Tut keinem was zu leid.

Von ferne aus dem Wiesenteich
Erklang der Frösche Chor,
Und überm Walde stieg zugleich
Der goldne Mond empor.

Da bist du ja, ich grüße dich,
Du traulicher Kumpan.

Bedächtig wandelst du wie ich
Dahin auf deiner Bahn.

Dies lenkte meinen Denkersinn
Auf den Geschäftsverlauf;
Ich überschlug mir den Gewinn.
Das hielt mich etwas auf.

Doch horch, da ist die Nachtigall,
Sie flötet wunderschön.
Ich flöte selbst mit sanftem Schall
Und bleib ein wenig stehn.

Und flötend kam ich zur Station,
Wie das bei mir Gebrauch.
O weh, was ist das für ein Ton?
Der Zug der flötet auch.

Dort saust er hin. Ich stand versteint.
Dann sah ich nach der Uhr
Wie jeder, der zu spät erscheint.
So will es die Natur.

Zu guter Letzt

Dunkle Zukunft

Fritz, der mal wieder schrecklich träge,
Vermutet, heute gibt es Schläge,

Und knüpft zur Abwehr der Attacke
Ein Buch sich unter seine Jacke,
Weil er sich in dem Glauben wiegt,
Daß er was auf den Buckel kriegt.

Die Schläge trafen richtig ein.
Der Lehrer meint es gut. Allein
Die Gabe wird für heut gespendet
Mehr unten, wo die Jacke endet,
Wo Fritz nur äußerst leicht bekleidet
Und darum ganz besonders leidet.

Ach, daß der Mensch so häufig irrt
Und nie recht weiß, was kommen wird!
Zu guter Letzt

Peinlich berührt

Im Dorfe wohnt ein Vetter,
Der gut versichert war
Vor Brand und Hagelwetter
Nun schon im zehnten Jahr.

Doch nie seit dazumalen
Ist ein Malheur passiert,
Und so für nichts zu zahlen,
Hat peinlich ihn berührt.

Jetzt, denkt er, überlasse
Dem Glück ich Feld und Haus.
Ich pfeife auf die Kasse.
Und schleunig trat er aus.

O weh, nach wenig Tagen
Da hieß es: »Zapperment!
Der Weizen ist zerschlagen
Und Haus und Scheune brennt.«

Ein Narr hat Glück in Masse,
Wer klug, hat selten Schwein.
Und schleunig in die Kasse
Trat er halt wieder ein.
Schein und Sein

Das Zahnweh, subjektiv genommen,
Ist ohne Zweifel unwillkommen;
Doch hat's die gute Eigenschaft,
Daß sich dabei die Lebenskraft,
Die man nach außen oft verschwendet,
Auf einen Punkt nach innen wendet
Und hier energisch konzentriert.
Kaum wird der erste Stich verspürt,
Kaum fühlt man das bekannte Bohren,
Das Rucken, Zucken und Rumoren –
Und aus ist's mit der Weltgeschichte,
Vergessen sind die Kursberichte,

Die Steuern und das Einmaleins.
Kurz, jede Form gewohnten Seins,
Die sonst real erscheint und wichtig,
Wird plötzlich wesenlos und nichtig.
Ja, selbst die alte Liebe rostet –
Man weiß nicht, was die Butter kostet –
Denn einzig in der engen Höhle
Des Backenzahnes weilt die Seele,
Und unter Toben und Gesaus
Reift der Entschluß: Er muß heraus!! –

Balduin Bählamm

Die Gelegenheit zum Laster

Reue

Die Tugend will nicht immer passen,
Im ganzen läßt sie etwas kalt,
Und daß man eine unterlassen,
Vergißt man bald.

Doch schmerzlich denkt manch alter Knaster,
Der von vergangnen Zeiten träumt,
An die Gelegenheit zum Laster,
Die er versäumt.
Zu guter Letzt

Wennschon der Mensch, eh' er was wird,
Zuweilen strauchelt oder irrt,
Wennschon die Heiligen vor allen
Mitunter in Versuchung fallen –
So gilt doch dies Gesetz auf Erden:
Wer mal so ist, muß auch so werden!
Der heilige Antonius von Padua

»Helene!« – sprach der Onkel Nolte –
»Was ich schon immer sagen wollte!
Ich warne dich als Mensch und Christ:
Oh, hüte dich vor allem Bösen!
Es macht Pläsier, wenn man es ist,
Es macht Verdruß, wenn man's gewesen!«
Die fromme Helene

Lieder eines Lumpen

Von einer alten Tante
Ward ich recht schön bedacht;
Sie hat fünfhundert Gulden
Beim Sterben mir vermacht.

Die gute alte Tante!! –
Fürwahr! Ich wünschte sehr,
Ich hätt' noch mehr der Tanten
Und – hätt' sie bald nicht mehr.
Fliegende Blätter

Ihr kennt ihn doch schon manches Jahr,
Wißt, was es für ein Vogel war;
Wie er in allen Gartenräumen
Herumgeflattert auf den Bäumen;

Wie er die hübschen roten Beeren,
Die andern Leuten zugehören,
Mit seinem Schnabel angepickt
Und sich ganz lasterhaft erquickt.

Nun hat sich dieser böse Näscher,
Gardinenschleicher, Mädchenhäscher,
Der manchen Biedermann gequält,
Am Ende selber noch vermählt.

Nun legt er seine Stirn in Falten,
Fängt eine Predigt an zu halten
Und möchte uns von Tugend schwatzen.

Ei, so ein alter Schlingel! Kaum
Hat er 'nen eignen Kirschenbaum,
So schimpft er auf die Spatzen.
Kritik des Herzens

Ach, ich fühl es! Keine Tugend
Ist so recht nach meinem Sinn;
Stets befind ich mich am wohlsten,
Wenn ich damit fertig bin.

Dahingegen so ein Laster,
Ja, das macht mir viel Pläsier;
Und ich hab die hübschen Sachen
Lieber vor als hinter mir.
Kritik des Herzens

Er war ein grundgescheiter Mann,
Sehr weise und hocherfahren;
Er trug ein graumeliertes Haar,
Dieweil er schon ziemlich bei Jahren.

Er war ein abgesagter Feind
Des Lachens und des Scherzens

Und war doch der größte Narr am Hof
Der Königin seines Herzens.
Kritik des Herzens

Hoch verehr ich ohne Frage
Dieses gute Frauenzimmer.
Seit dem segensreichen Tage,
Da ich sie zuerst erblickt,
Hat mich immer hoch entzückt,
Ihre rosenfrische Jugend,
Ihre Sittsamkeit und Tugend
Und die herrlichen Talente.
Aber dennoch denk ich immer,
Daß es auch nicht schaden könnte,
Wäre sie ein bissel schlimmer.
Kritik des Herzens

Mein kleinster Fehler ist der Neid. –
Aufrichtigkeit, Bescheidenheit,
Dienstfertigkeit und Frömmigkeit.
Obschon es herrlich schöne Gaben,
Die gönn' ich allen die sie haben.
Nur wenn ich sehe, daß der Schlechte
Das kriegt, was ich gern selber möchte;
Nur wenn ich leider in der Nähe
So viele böse Menschen sehe,

Und wenn ich dann so oft bemerke,
Wie sie durch sittenlose Werke
Den lasterhaften Leib ergötzen,
Das freilich tut mich tief verletzen.
Sonst, wie gesagt, bin ich hienieden
Gottlobunddank so recht zufrieden.
Kritik des Herzens

Wie schad, daß ich kein Pfaffe bin.
Das wäre so mein Fach.
Ich bummelte durchs Leben hin
Und dächt' nicht weiter nach.

Mich plagte nicht des Grübelns Qual,
Der dumme Seelenzwist,
Ich wüßte ein für allemal,
Was an der Sache ist.

Und weil mich denn kein Teufel stört,
So schlief ich recht gesund,
Wär wohlgenährt und hochverehrt
Und würde kugelrund.

Käm dann die böse Fastenzeit,
So wär ich fest dabei,
Bis ich mich elend abkasteit
Mit Lachs und Hühnerei.

Und dich, du süßes Mägdelein,
Das gern zur Beichte geht,
Dich nähm ich dann so ganz allein
Gehörig ins Gebet.
Kritik des Herzens

Die Schändliche

Sie ist ein reizendes Geschöpfchen,
Mit allen Wassern wohl gewaschen;
Sie kennt die süßen Sündentöpfchen
Und liebt es, häufig draus zu naschen.

Da bleibt den sittlich Hochgestellten
Nichts weiter übrig, als mit Freuden
Auf diese Schandperson zu schelten
Und sie mit Schmerzen zu beneiden.
Zu guter Letzt

Es saust der Stock, es schwirrt die Rute.
Du darfst nicht zeigen, was du bist.
Wie schad, o Mensch, daß dir das Gute
Im Grunde so zuwider ist.
Zu guter Letzt

Drum

Wie dunkel ist der Lebenspfad,
Den wir zu wandeln pflegen.
Wie gut ist da ein Apparat
Zum Denken und Erwägen.

Der Menschenkopf ist voller List
Und voll der schönsten Kniffe;
Er weiß, wo was zu kriegen ist
Und lehrt die rechten Griffe.

Und weil er sich so nützlich macht,
Behält ihn jeder gerne.
Wer stehlen will, und zwar bei Nacht,
Braucht eine Diebslaterne.

Zu guter Letzt

Befriedigt

Gehorchen wird jeder mit Genuß
Den Frauen, den hochgeschätzten,
Hingegen machen uns meist Verdruß
Die sonstigen Vorgesetzten.

Nur wenn ein kleines Mißgeschick
Betrifft den Treiber und Leiter,

Dann fühlt man für den Augenblick
Sich sehr befriedigt und heiter.

Als neulich am Sonntag der Herr Pastor
Eine peinliche Pause machte,
Weil er den Faden der Rede verlor,
Da duckt sich der Küster und lachte.
Zu guter Letzt

Tröstlich

Nachbar Nickel ist verdrießlich,
Und er darf sich wohl beklagen,
Weil ihm seine Pläne schließlich
Alle gänzlich fehlgeschlagen.

Unsre Ziege starb heut morgen.
Geh und sag's ihm, lieber Knabe!
Daß er nach so vielen Sorgen
Auch mal eine Freude habe.
Zu guter Letzt

Zu gut gelebt

Frau Grete hatt' ein braves Huhn,
Das wußte seine Pflicht zu tun.
Es kratzte hinten, pickte vorn,

Fand hier ein Würmchen, da ein Korn,
Erhaschte Käfer, schnappte Fliegen
Und eilte dann mit viel Vergnügen
Zum stillen Nest, um hier geduldig
Das zu entrichten, was es schuldig.
Fast täglich tönte sein Geschrei:
Viktoria, ein Ei, ein Ei!

Frau Grete denkt: O, welch ein Segen,
Doch könnt es wohl noch besser legen.
Drum reicht sie ihm, es zu verlocken,
Oft extra noch die schönsten Brocken.

Dem Hühnchen war das angenehm.
Es putzt sich, macht es sich bequem,
Wird wohlbeleibt, ist nicht mehr rührig
Und sein Geschäft erscheint ihm schwierig.
Kaum daß ihm noch mit Drang und Zwang
Mal hie und da ein Ei gelang.

Dies hat Frau Gretchen schwer bedrückt,
Besonders, wenn sie weiterblickt;
Denn wo kein Ei, da ist's vorbei
Mit Rührei und mit Kandisei.

Ein fettes Huhn legt wenig Eier.
Ganz ähnlich geht's dem Dichter Meier,
Der auch nicht viel mehr dichten kann,
Seit er das große Los gewann.
Zu guter Letzt

Gut und Böse

Tugend will, man soll sie holen,
Ungern ist sie gegenwärtig;
Laster ist auch unbefohlen
Dienstbereit und fix und fertig.

Gute Tiere, spricht der Weise,
Mußt du züchten, mußt du kaufen,
Doch die Ratten und die Mäuse
Kommen ganz von selbst gelaufen.
Zu guter Letzt

Oben und unten

Daß der Kopf die Welt beherrsche,
Wär zu wünschen und zu loben.
Längst vor Gründen wär die närr'sche
Gaukelei in Nichts zerstoben.

Aber wurzelhaft natürlich
Herrscht der Magen nebst Genossen,
Und so treibt, was unwillkürlich,
Täglich tausend neue Sprossen.
Zu guter Letzt

Leider

So ist's in alter Zeit gewesen,
So ist es, fürcht ich, auch noch heut.
Wer nicht besonders auserlesen,
Dem macht die Tugend Schwierigkeit.

Aufsteigend mußt du dich bemühen,
Doch ohne Mühe sinkest du.
Der liebe Gott muß immer ziehen,
Dem Teufel fällt's von selber zu.
Schein und Sein

Strafepistel an Wilhelm Rögge

Aber Wilhelm! – Guter Alter!
Was hab ich von dir vernommen
Und welch sonderbare Dinge
Sind zu meinem Ohr gekommen.

Du, der du den Stab gebrochen
Über jene zu Neuhofen,
Die mit schönen Kellnerinnen
Lasterhafte Tänze schwofen;

Du mit deiner braunen Augen
Unschuldsvollem Farbenschmelze,

Mit dem Haar, dem struppig-weichen,
Fast so weich wie Maulwurfspelze;

Du in deiner schlichten, grauen,
Biedermännisch treuen Juppen,
Solltest dich als lasterhafter
Sündenschmetterling entpuppen!

Jene zwei Anachoreten,
Die der frommen Sitte pflegen,
Daß sie gerne Würste essen
Und sie selbst nicht holen mögen,

Jene beiden frommen Seelen
Gaben dir – o groß Vertrauen! –
Neun der Kreuzer, dich beim Metzger
Nach Geselchtem umzuschauen.

Und sie wollten dir es lohnen
Und sie hatten's schon beschlossen,
»Wohl zu speisen!« dir zu wünschen,
Wenn sie selbst die Wurst genossen.

Doch du bist hinweggewichen
Von den tugendsamen Pfaden,
Und du kehrtest nicht zurücke
Mit ersehnter Wurst beladen.

Und du hast das Geld behalten
Und du wurdest zum Verräter
Und sie wären schier verhungert –
Wehe dir, du Übeltäter!

Wehe dir, o Osterkappeln!
Wehe dir, o Niedersachsen,
Wo ein solcher Hochverräter
Aufgezogen und gewachsen!
Kneipzeitung

Jedoch! Was hilft uns die Moral?
Verstand kommt nicht vor Jahren!
Das, was man hört, begreift man nicht,
Bis man es selbst erfahren!
Eine Gänsehistorie ohne Ende

Weil andre Menschen eitel sind

Er stellt sich vor sein Spiegelglas
Und arrangiert noch dies und das.
Er dreht hinaus des Bartes Spitzen,
Sieht zu, wie seine Ringe blitzen,
Probiert auch mal, wie sich das macht,
Wenn er so herzgewinnend lacht,
Übt seines Auges Zauberkraft,
Legt die Krawatte musterhaft,
Wirft einen süßen Scheideblick
Auf sein geliebtes Bild zurück,
Geht dann hinaus zur Promenade,
Umschwebt vom Dufte der Pomade,
Und ärgert sich als wie ein Stint,
Daß andre Leute eitel sind.

Kritik des Herzens

Der Franz, ermüdet von der Reise,
Liegt tief versteckt im Bettgehäuse.
»Ah, ja, ja, jam!« – so gähnt er eben –
»Es wird wohl Zeit, sich zu erheben
Und sich allmählich zu bequemen,
Die Morgenwäsche vorzunehmen.«
Zum ersten: ist es mal so schicklich,
Zum zweiten: ist es sehr erquicklich;
Zum dritten: ist man sehr bestaubt
Und viertens: soll man's überhaupt,
Denn fünftens: ziert es das Gesicht
Und schließlich: schaden tut's mal nicht.

Wie fröhlich ist der Wandersmann,
Zieht er das reine Hemd sich an.
Und neugestärkt und friedlich-heiter
Bekleidet er sich emsig weiter.
Und erntet endlich still erfreut
Die Früchte seiner Reinlichkeit.
Die fromme Helene

Das Reden tut dem Menschen gut,
Wenn man es nämlich selber tut;
Von Angstprodukten abgesehn,
Denn so etwas bekommt nicht schön.

Die Segelflotte der Gedanken,
Wie fröhlich fährt sie durch die Schranken
Der aufgesperrten Mundesschleuse
Bei gutem Winde auf die Reise
Und steuert auf des Schalles Wellen
Nach den bekannten offnen Stellen
Am Kopfe, in des Ohres Hafen
Der Menschen, die mitunter schlafen.

Vor allen der Politikus
Gönnt sich der Rede Vollgenuß;
Und wenn er von was sagt, so sei's,
Ist man auch sicher, daß er's weiß.
Maler Klecksel

Der Weise, welcher sitzt und denkt
Und tief sich in sich selbst versenkt,
Um in der Seele Dämmerschein
Sich an der Wahrheit zu erfreun,
Der leert bedenklich seine Flasche,
Hebt seine Dose aus der Tasche,
Nimmt eine Prise, macht habschih!
Und spricht: (...)

»Mein lieber Sohn, Du tust mir leid.
Dir mangelt die Enthaltsamkeit.
Enthaltsamkeit ist das Vergnügen
An Sachen, welche wir nicht kriegen.
Drum lebe mäßig, denke klug.
Wer nichts gebraucht, der hat genug!«

So spricht der Weise, grau von Haar,
Ernst, würdig, sachgemäß und klar,
Wie sich's gebührt in solchen Dingen;
Läßt sich ein Dutzend Austern bringen,
Ißt sie, entleert die zweite Flasche,
Hebt seine Dose aus der Tasche,
Nimmt eine Prise, macht habschüh!
Schmückt sich mit Hut und Paraplü,
Bewegt sich mit Bedacht nach Haus
Und ruht von seinem Denken aus.
Die Haarbeutel

Sei ein braver Biedermann,
Fange tüchtig an zu loben!
Und du wirst von uns sodann
Gerne mit empor gehoben.

Wie, du ziehst ein schiefes Maul?
Willst nicht, daß dich andre adeln?
Na, denn sei mir nur nicht faul
Und verlege dich aufs Tadeln.

Gelt, das ist ein Hochgenuß,
Schwebst du so mit Wohlgefallen
Als ein sel'ger Kritikus
Hocherhaben über allen.
Kritik des Herzens

Laß doch das ew'ge Fragen,
Verehrter alter Freund.
Ich will von selbst schon sagen,
Was mir vonnöten scheint.

Du sagst vielleicht dagegen:
Man fragt doch wohl einmal.
Gewiß! Nur allerwegen
Ist mir's nicht ganz egal.

Bei deinem Fragestellen
Hat eines mich frappiert:

Du fragst so gern nach Fällen,
Wobei ich mich blamiert.
Kritik des Herzens

Es saßen einstens beieinand
Zwei Knaben, Fritz und Ferdinand.
Da sprach der Fritz: Nun gib mal acht,
Was ich geträumt vergangne Nacht.
Ich stieg in einen schönen Wagen,
Der Wagen war mit Gold beschlagen.
Zwei Englein spannten sich davor,
Die zogen mich zum Himmelstor.
Gleich kamst du auch und wolltest mit
Und sprangest auf den Kutschentritt,
Jedoch ein Teufel, schwarz und groß,
Der nahm dich hinten bei der Hos
Und hat dich in die Höll getragen.
Es war sehr lustig, muß ich sagen. –
So hübsch nun dieses Traumgesicht,
Dem Ferdinand gefiel es nicht.
Schlapp! schlug er Fritzen an das Ohr,
Daß er die Zipfelmütz verlor.
Der Fritz, der dies verdrießlich fand,
Haut wiederum den Ferdinand;
Und jetzt entsteht ein Handgemenge,
Sehr schmerzlich und von großer Länge. –
So geht durch wesenlose Träume
Gar oft die Freundschaft aus dem Leime.
Kritik des Herzens

Ein dicker Sack – den Bauer Bolte,
Der ihn zur Mühle tragen wollte,
Um auszuruhn, mal hingestellt
Dicht an ein reifes Ährenfeld –
Legt sich in würdevolle Falten
Und fängt 'ne Rede an zu halten.

Ich, sprach er, bin der volle Sack.
Ihr Ähren seid nur dünnes Pack.
Ich bin's, der euch auf dieser Welt
In Einigkeit zusammenhält.
Ich bin's, der hoch vonnöten ist,
Daß euch das Federvieh nicht frißt;
Ich, dessen hohe Fassungskraft
Euch schließlich in die Mühle schafft.
Verneigt euch tief, denn ich bin Der!
Was wäret ihr, wenn ich nicht wär?

Sanft rauschen die Ähren:
Du wärst ein leerer Schlauch, wenn wir nicht wären.
Kritik des Herzens

Wer möchte diesen Erdenball
Noch fernerhin betreten,
Wenn wir Bewohner überall
Die Wahrheit sagen täten.

Ihr hießet uns, wir hießen euch
Spitzbuben und Halunken,
Wir sagten uns fatales Zeug
Noch eh wir uns betrunken.

Und überall im weiten Land,
Als langbewährtes Mittel,
Entsproßte aus der Menschenhand
Der treue Knotenknittel.

Da lob ich mir die Höflichkeit,
Das zierliche Betrügen.
Du weißt Bescheid, ich weiß Bescheid;
Und allen macht's Vergnügen.
Kritik des Herzens

Früher, da ich unerfahren
Und bescheidner war als heute,
Hatten meine höchste Achtung
Andre Leute.

Später traf ich auf der Weide
Außer mir noch mehre Kälber,
Und nun schätz ich, sozusagen,
Erst mich selber.
Kritik des Herzens

Doppelte Freude

Ein Herr warf einem Bettelmann
Fünf Groschen in den Felber.
Das tat dem andern wohl, und dann
Tat es auch wohl ihm selber.

Der eine, weil er gar so gut,
Kann sich von Herzen loben;
Der andre trinkt sich frischen Mut
Und fühlt sich auch gehoben.

Schein und Sein

Glückspilz

Geboren ward er ohne Wehen
Bei Leuten, die mit Geld versehen.
Er schwänzt die Schule, lernt nicht viel,
Hat Glück bei Weibern und im Spiel,
Nimmt eine Frau sich, eine schöne,
Erzeugt mit ihr zwei kluge Söhne,
Hat Appetit, kriegt einen Bauch,
Und einen Orden kriegt er auch,
Und stirbt, nachdem er aufgespeichert
Ein paar Milliönchen, hochbetagt;
Obgleich ein jeder weiß und sagt:
Er war mit Dummerjan geräuchert!

Schein und Sein

Kopf und Herz

Wie es scheint, ist die Moral
Nicht so bald beleidigt,
Während Schlauheit allemal
Wütend sich verteidigt.

Nenn den Schlingel liederlich,
Leicht wird er's verdauen;
Nenn ihn dumm, so wird er dich,
Wenn er kann, verhauen.
Zu guter Letzt

Der Asket

Im Hochgebirg vor seiner Höhle
Saß der Asket;
Nur noch ein Rest von Leib und Seele
Infolge äußerster Diät.

Demütig ihm zu Füßen kniet
Ein Jüngling, der sich längst bemüht,
Des strengen Büßers strenge Lehren
Nachdenklich prüfend anzuhören.

Grad schließt der Klausner den Sermon
Und spricht: Bekehre dich, mein Sohn!
Verlaß das böse Weltgetriebe.

Vor allem unterlaß die Liebe,
Denn grade sie erweckt aufs neue
Das Leben und mit ihm die Reue.
Da schau mich an. Ich bin so leicht,
Fast hab ich schon das Nichts erreicht,
Und bald verschwind ich in das reine
Zeit-, raum- und traumlos Allundeine.

Als so der Meister in Ekstase,
Sticht ihn ein Bienchen in die Nase.
O, welch ein Schrei!
Und dann das Mienenspiel dabei.

Der Jüngling stutzt und ruft: Was seh ich?
Wer solchermaßen leidensfähig,
Wer so gefühlvoll und empfindlich,
Der, fürcht ich, lebt noch viel zu gründlich
Und stirbt noch nicht zum letztenmal.

Mit diesem kühlen Wort empfahl
Der Jüngling sich und stieg hernieder
Ins tiefe Tal und kam nicht wieder.
Zu guter Letzt

Wir alle haben unsern Sparren,
Doch sagen tun es nur die Narren.
Der Weise schweigt.
Zu guter Letzt

Metaphern der Liebe

Wärst du ein Bächlein, ich ein Bach,
So eilt ich dir geschwinde nach.
Und wenn ich dich gefunden hätt'
In deinem Blumenuferbett:
Wie wollt ich mich in dich ergießen
Und ganz mit dir zusammenfließen,
Du vielgeliebtes Mädchen du!
Dann strömten wir bei Nacht und Tage
Vereint in süßem Wellenschlage
Dem Meere zu.
Kritik des Herzens

Metaphern der Liebe

Welche Augen! Welche Miene!
Seit ich dich zuerst gesehen,
Engel in der Krinoline,
Ist's um meine Ruh' geschehen.

Ach! in fieberhafter Regung
Lauf' ich Tag und Nacht spazieren,
Und ich fühl' es, vor Bewegung
Fang' ich an zu transpirieren.

Und derweil ich eben schwitze,
Hast du kalt mich angeschaut;
Von den Stiefeln bis zur Mütze
Spür' ich eine Gänsehaut.

Wahrlich! Das ist sehr bedenklich,
Wie ein jeder leicht ermißt,
Wenn man so schon etwas kränklich
Und in Nankinghosen ist.

Würde deiner Augen Sonne
Einmal nur mich freundlich grüßen,
Ach – vor lauter Lust und Wonne
Schmölz ich hin zu deinen Füßen.

Aber – ach! – Aus deinen Blicken
Wird ein Strahl herniederwettern,
Mich zerdrücken und zerknicken
Und zu Knochenmehl zerschmettern.

Fliegende Blätter

Ratsam ist und bleibt es immer
Für ein junges Frauenzimmer,
Einen Mann sich zu erwählen
Und wo möglich zu vermählen.

Erstens: will es so der Brauch.
Zweitens: will man's selber auch.
Drittens: man bedarf der Leitung
Und der männlichen Begleitung;

Weil bekanntlich manche Sachen,
Welche große Freude machen,

Mädchen nicht allein verstehn;
Als da ist: ins Wirtshaus gehn. –

Freilich oft, wenn man auch möchte,
Findet sich nicht gleich der Rechte;
Und derweil man so allein,
Sucht man sonst sich zu zerstreun.
Die fromme Helene

Idiosynkrasie

Der Tag ist grau. Die Wolken ziehn,
Es saust die alte Mühle.
Ich schlendre durch das feuchte Grün
Und denke an meine Gefühle.

Die Sache ist mir nicht genehm.
Ich ärgre mich fast darüber.
Der Müller ist gut; trotz alledem
Ist mir die Müllerin lieber.
Dideldum

Ermahnungen und Winke

O wie lieblich, o wie schicklich,
Sozusagen herzerquicklich,
Ist es doch für eine Gegend,

Wenn zwei Leute, die vermögend,
Außerdem mit sich zufrieden,
Aber von Geschlecht verschieden,
Wenn nun diese, sag ich, ihre
Dazu nötigen Papiere,
Sowie auch die Haushaltsachen
Endlich mal in Ordnung machen
Und in Ehren und beizeiten
Hin zum Standesamte schreiten,
Wie es denen, welche lieben,
Vom Gesetze vorgeschrieben;
Dann ruft jeder freudiglich:
»Gott sei Dank, sie haben sich!«
Herr und Frau Knopp

Vorbemerk

Vater werden ist nicht schwer,
Vater sein dagegen sehr. –

Ersteres wird gern geübt,
Weil es allgemein beliebt.
Selbst der Lasterhafte zeigt,
Daß er gar nicht abgeneigt;
Nur will er mit seinen Sünden
Keinen guten Zweck verbinden,
Sondern, wenn die Kosten kommen,
Fühlet er sich angstbeklommen.

Dieserhalb besonders scheut
Er die fromme Geistlichkeit,
Denn ihm sagt ein stilles Grauen:
Das sind Leute, welche trauen. –
So ein böser Mensch verbleibt
Lieber gänzlich unbeweibt. –
Ohne einen hochgeschätzten
Tugendsamen Vorgesetzten
Irrt er in der Welt umher,
Hat kein reines Hemde mehr,
Wird am Ende krumm und faltig,
Grimmig, greulich, ungestaltig,
Bis ihn dann bei Nacht und Tag
Gar kein Mädchen leiden mag.
Onkel heißt er günst'gen Falles,
Aber dieses ist auch alles. –

Oh, wie anders ist der Gute!
Er erlegt mit frischem Mute
Die gesetzlichen Gebühren,
Läßt sich redlich kopulieren,
Tut im stillen hocherfreut
Das, was seine Schuldigkeit,
Steht dann eines Morgens da
Als ein Vater und Papa
Und ist froh aus Herzensgrund,
Daß er dies so gut gekunnt.
Julchen

Ständchen

Der Abend ist so mild und schön.
Was hört man da für ein Getön??
Sei ruhig, Liebchen, das bin ich,
Dein Dieterich,
Dein Dietrich singt so inniglich!!
Nun kramst du wohl bei Lampenschein
Herum in deinem Kämmerlein;
Nun legst du ab der Locken Fülle,
Das Oberkleid, die Unterhülle;
Nun kleidest du die Glieder wieder
In reines Weiß und legst dich nieder.
Oh, wenn dein Busen sanft sich hebt,
So denk, daß dich mein Geist umschwebt.
Und kommt vielleicht ein kleiner Floh
Und krabbelt so –
Sei ruhig, Liebchen, das bin ich,
Dein Dieterich.
Dein Dietrich, der umflattert dich!!
Julchen

Ich wußte, sie ist in der Küchen,
Ich bin ihr leise nachgeschlichen.
Ich wollt' ihr ew'ge Treue schwören
Und fragen, willst du mir gehören?

Auf einmal aber stutzte ich.
Sie kramte zwischen dem Gewürze;
Dann schneuzte sie und putzte sich
Die Nase mit der Schürze.
Kritik des Herzens

Es saß in meiner Knabenzeit
Ein Fräulein jung und frisch
Im ausgeschnittnen grünen Kleid
Mir vis-à-vis bei Tisch.

Und wie's denn so mit Kindern geht,
Sehr frömmig sind sie nie,
Ach, dacht ich oft beim Tischgebet,
Wie schön ist doch Marie!
Kritik des Herzens

Selig sind die Auserwählten,
Die sich liebten und vermählten;
Denn sie tragen hübsche Früchte.
Und so wuchert die Geschichte
Sichtbarlich von Ort zu Ort.
Doch die braven Junggesellen,
Jungfern ohne Ehestellen,
Welche ohne Leibeserben
So als Blattgewächse sterben,
Pflanzen sich durch Knollen fort.
Kritik des Herzens

Sie hat nichts und du desgleichen;
Dennoch wollt ihr, wie ich sehe,
Zu dem Bund der heil'gen Ehe
Euch bereits die Hände reichen.

Kinder, seid ihr denn bei Sinnen?
Überlegt euch das Kapitel!
Ohne die gehör'gen Mittel
Soll man keinen Krieg beginnen.
Kritik des Herzens

Denkst du dieses alte Spiel
Immer wieder aufzuführen?
Willst du denn mein Mitgefühl
Stets durch Tränen ausprobieren?

Oder möchtest du vielleicht
Mir des Tanzes Lust versalzen?
Früher hast du's oft erreicht;
Heute werd ich weiter walzen.
Kritik des Herzens

Seid mir nur nicht gar zu traurig,
Daß die schöne Zeit entflieht,
Daß die Welle kühl und schaurig
Uns in ihre Wirbel zieht;

Daß des Herzens süße Regung,
Daß der Liebe Hochgenuß,
Jene himmlische Bewegung,
Sich zur Ruh begeben muß.

Laßt uns lieben, singen, trinken,
Und wir pfeifen auf die Zeit;
Selbst ein leises Augenwinken
Zuckt durch alle Ewigkeit.
Kritik des Herzens

O du, die mir die Liebste war,
Du schläfst nun schon so manches Jahr.
So manches Jahr, da ich allein,
Du gutes Herz, gedenk ich dein.
Gedenk ich dein, von Nacht umhüllt,
So tritt zu mir dein treues Bild.
Dein treues Bild, was ich auch tu,
Es winkt mir ab, es winkt mir zu.
Und scheint mein Wort dir gar zu kühn,
Nicht gut mein Tun,
Du hast mir einst so oft verziehn,
Verzeih auch nun.
Kritik des Herzens

Noch zwei?

Durch das Feld ging die Familie,
Als mit glückbegabter Hand
Sanft errötend Frau Ottilie
Eine Doppelähre fand.

Was die alte Sage kündet,
Hat sich öfter schon bewährt:
Dem, der solche Ähren findet,
Wird ein Doppelglück beschert.

Vater Franz blickt scheu zur Seite.
Zwei zu fünf, das wäre viel.
Kinder, sprach er, aber heute
Ist es ungewöhnlich schwül.
Zu guter Letzt

Höchste Instanz

Was er liebt, ist keinem fraglich;
Triumphierend und behaglich
Nimmt es seine Seele ein
Und befiehlt: So soll es sein.

Suche nie, wo dies geschehen,
Widersprechend vorzugehen,

Sintemalen im Gemüt
Schon die höchste Macht entschied.

Ungestört in ihren Lauben
Laß die Liebe, laß den Glauben,
Der, wenn man es recht ermißt,
Auch nur lauter Liebe ist.
Zu guter Letzt

Der Einsame

Wer einsam ist, der hat es gut,
Weil keiner da, der ihm was tut.
Ihn stört in seinem Lustrevier
Kein Tier, kein Mensch und kein Klavier,
Und niemand gibt ihm weise Lehren,
Die gut gemeint und bös zu hören.
Der Welt entronnen, geht er still
In Filzpantoffeln, wann er will.
Sogar im Schlafrock wandelt er
Bequem den ganzen Tag umher.
Er kennt kein weibliches Verbot,
Drum raucht und dampft er wie ein Schlot.
Geschützt vor fremden Späherblicken,
Kann er sich selbst die Hose flicken.
Liebt er Musik, so darf er flöten,
Um angenehm die Zeit zu töten,

Und laut und kräftig darf er prusten,
Und ohne Rücksicht darf er husten,
Und allgemach vergißt man seiner.
Nur allerhöchstens fragt mal einer:
Was, lebt er noch? Ei Schwerenot,
Ich dachte längst, er wäre tot.
Kurz, abgesehn vom Steuerzahlen,
Läßt sich das Glück nicht schöner malen.
Worauf denn auch der Satz beruht:
Wer einsam ist, der hat es gut.
Zu guter Letzt

Waldfrevel

Ein hübsches Pärchen ging einmal
Tief in des Waldes Gründe.
Sie pflückte Beeren ohne Zahl,
Er schnitt was in die Rinde.

Der pflichtgetreue Förster sieht's.
Was sind das für Geschichten?
Er zieht sein Buch, er nimmt Notiz
Und wird den Fall berichten.
Schein und Sein

Rhadamant und Zamore

I.
O schönes Bild der Liebe!
Heil dir, Ägypterland!
Heil, Königin Zamore
Und König Rhadamant!

Sie löschten aus demselben
Pokale ihren Durst,
Sie aßen miteinander
Von einer Leberwurst.

Dem König ward so übel,
Der Königin noch mehr.
Sie mußten beide sterben
Und liebten sich so sehr.

In einer Pyramide
Da ruhn sie Hand in Hand,
Die Königin Zamore
Und König Rhadamant.

II.
Es steht die Pyramide
Dicht an des Niles Bord,
Da ruhn die Mumienleiber,
Die Seelen wandern fort.

Und auf dem Nilgewässer
Da schwimmt ein Gänserich,
In diesen fuhr die Seele,
Als Rhadamant verblich.

Zamore aber folgte
Den Spuren Rhadamants,
Und fuhr zu gleicher Stunde
In eine wilde Gans.

Sie gickern und sie gackern
Und kosen miteinand;
Er gickert: Ach Zamore!
Sie gackert: Rhadamant!!

III.

Es stieg aus ihren Ufern
Des Niles gelbe Flut,
Da faßt die treuen Gänse
Gewaltger Wandermut.

Die Brust erfüllt ein Sehnen
So wonnig und so weh,
Sie heben ihre Schwingen
Und fliegen über See.

Sie flogen hin nach Pommern
Und hatten guten Wind,

Nach Pommern, wo zu Hause
Die besten Gänse sind.

Da legte ihre Eier
Zamore in den Sand,
Heut brütet sie Zamore
Und morgen Rhadamant.

IV.

Das Glück der treuen Gatten
Zerstörte ein Barbar;
Ein pommerischer Junker,
Der fing das Gänsepaar.

Er fing die treuen Gänse
Und mästet sie nach Brauch,
Und als er sie gemästet,
Hing er sie in den Rauch.

Da hängen sie nun beide
Getreu bis in den Tod:
Die vielgeprüften Seelen,
Die fahren durch den Schlot.

Die Seele fährt von dannen,
Der Leib, der wird versandt,
Als Pommerns Gänsebrüste
Bekannt in jedem Land.

Kneipzeitung

Unglücklicher Zufall

Ich ging wohl hundert Male
Die Straße ein und aus;
Ich stand bei Sturm und Regen
Vor meiner Liebsten Haus.

Bei Sturm und kaltem Regen
Stand ich vergeblich dort;
Denn die gestrenge Mutter,
Die ließ sie ja nicht fort.

Ich selber hab' dem Regen,
Ich hab' dem Sturm getrutzt;
Nur meine neuen Stiefel,
Die sind ganz abgenutzt.

Und heute, da ich lässig
An meinem Fenster steh',
Trifft sich's, daß ich mein Liebchen
Vorübergehen seh'.

Sie nickt und winkt verstohlen,
Sie sieht mich zärtlich an –
Und ich, ich kann's nicht sagen,
Daß ich nicht kommen kann.

Ich kann's ihr ja nicht sagen,
Dem wunderholden Kind,

Daß meine einz'gen Stiefel
Heut' grad beim Schuster sind.
Fliegende Blätter

Die Mohrenträne

»Don Rodrigo, Don Rodrigo,
Kühnster aller Kavaliere,
Die auf hohem Rosse kamen
Zu Sevillas Festturniere,

Sprich, Rodrigo, stolzer Degen!
Was soll deiner Augen Glühen,
Und was soll der dunklen Brauen
Sturmumwölktes Faltenziehen?«

Und er fluchte: »Donna Clara!
Donna Clara!« flucht' er wütend
Und verschwand in seinem Zelte,
Dunkel, einsam, unheilbrütend.

Aber draußen vor dem Zelte
Wacht der alte, treue, brave,
Vielerprobte, oftgebleute,
Schwarzverpichte Mohrensklave.

Seine Lippen, fest geschlossen,
Bergen die demant'nen Zähne

Und es rinnt von seinem Auge
Eine dicke Mohrenträne.

»Molo, du mein schwarzer Sklave,
Sklave aus dem Mohrenlande,
Eile flugs zum Bärenwirte
An Sevillas Mauerrande!

Bringe mir vom Allerbesten,
Mir das Herz daran zu letzen,
Denn was Lieb' an mir verbrochen,
Soll der Wein mir nun ersetzen!

Eine Flasche, Donna Clara,
Von dem allerbesten Fasse,
Eine trank ich unsrer Liebe,
Zehne trink' ich unserm Hasse!«

Und es rennt der schwarze Sklave
Und er bringt der Flaschen zehne
Und es rinnt von seinem Auge
Eine dicke Mohrenträne.

»Armer Molo, schwarzer Molo,
Weine nur, o Molo, weine!
Eine Flasche trank Rodrigo,
Und er trank sie ganz alleine.

Eine Flasche trank Rodrigo
Und er trank sie seiner Liebe,
Und du kriegtest für gewöhnlich
Einmal nur des Tages Hiebe.

Zehne trinkt er seinem Hasse –
Weine nur, o Molo, weine! –
Jetzt bekommst du zehnmal Hiebe
Und du kriegst sie ganz alleine.«

Also spricht der schwarze Sklave,
Spricht's durch seine weißen Zähne
Und es rinnt von seinem Auge
Eine dicke Mohrenträne.
Fliegende Blätter

Abschreckendes Beispiel

Knopp begibt sich eilig fort
Bis zum höchsten Bergesort.

Hier in öder Felsenritzen
Sieht er einen Klausner sitzen.

Dieser Klausner, alt und greis,
Tritt aus seinem Steingehäus.
Und aus Knoppen seiner Tasche
Hebt er ernst die Wanderflasche.

»Ich« – so spricht er – »heiße Krökel
Und die Welt ist mir zum Ekel.

Alles ist mir einerlei.
Mit Verlaub, ich bin so frei.

O ihr Bürsten, o ihr Kämme,
Taschentücher, Badeschwämme,
Seife und Pomadebüchse,
Strümpfe, Stiefel, Stiefelwichse,
Hemd und Hose, alles gleich,
Krökel, der verachtet euch.

Mir ist alles einerlei.
Mit Verlaub, ich bin so frei.

O ihr Mädchen, o ihr Weiber,
Arme, Beine, Köpfe, Leiber,
Augen mit den Feuerblicken,
Finger, welche zärtlich zwicken
Und was sonst für dummes Zeug –
Krökel, der verachtet euch.

Mir ist alles einerlei.
Mit Verlaub, ich bin so frei.

Nur die eine, himmlisch Reine,
Mit dem goldnen Heilgenscheine,
Ehre, liebe, bet ich an;

Dich, die keiner kriegen kann,
Dich du süße, ei, ja, ja,
Heil'ge Emmerenzia.

Sonst ist alles einerlei.
Mit Verlaub, ich bin so frei.«

Hiermit senkt der Eremit
Sich nach hinten. – Knopp entflieht.

Knopp der denkt sich: dieser Krökel
Ist ja doch ein rechter Ekel;
Und die Liebe per Distanz,
Kurz gesagt, mißfällt mir ganz.
Abenteuer eines Junggesellen

Ein Philosoph von ernster Art

Der Philosoph

Ein Philosoph von ernster Art,
Der sprach und strich sich seinen Bart:

Ich lache nie. Ich lieb es nicht,
Mein ehrenwertes Angesicht
Durch Zähnefletschen zu entstellen
Und närrisch wie ein Hund zu bellen;
Ich lieb es nicht durch ein Gemecker
Zu zeigen, daß ich Witzentdecker;
Ich brauche nicht durch Wertvergleichen
Mit andern mich herauszustreichen,
Um zu ermessen, was ich bin,
Denn dieses weiß ich ohnehin.

Das lachen will ich überlassen
Den minder hochbegabten Klassen.
Ist einer ohne Selbstvertraun
In Gegenwart von schönen Fraun,
So daß sie ihn als faden Gecken
Abfahren lassen oder necken,
Und fühlt er drob geheimen Groll
Und weiß nicht, was er sagen soll,
Dann schwebt mit Recht auf seinen Zügen
Ein unaussprechliches Vergnügen.

Und hat er Kursverlust erlitten,
Ist er moralisch ausgeglitten,

So gibt es Leute, die noch immer
Noch dümmer sind als er und schlimmer,
Und hat er etwa krumme Beine,
So gibt's noch krümmere als seine.
Er tröstet sich und lacht darüber
Und denkt: Da bin ich mir doch lieber.

Den Teufel laß ich aus dem Spiele.
Auch sonst noch lachen ihrer viele,
Besonders jene ewig Heitern,
Die unbewußt den Mund erweitern,
Die, sozusagen, auserkoren
Zum Lachen bis an beide Ohren.

Sie freuen sich mit Weib und Kind
Schon bloß, weil sie vorhanden sind.

Ich dahingegen, der ich sitze
Auf der Betrachtung höchster Spitze,
Weit über allem Was und Wie,
Ich bin für mich und lache nie.
Zu guter Letzt

Fink und Frosch

Im Apfelbaume pfeift der Fink
Sein: pinkepink!

Ein Laubfrosch klettert mühsam nach
Bis auf des Baumes Blätterdach
Und bläht sich auf und quakt: »ja, ja!
Herr Nachbar, ick bin och noch da!«

Und wie der Vogel frisch und süß
Sein Frühlingslied erklingen ließ,
Gleich muß der Frosch in rauhen Tönen
Den Schusterbaß dazwischen dröhnen.

»Juchheija heija!« spricht der Fink.
»Fort flieg ich flink!«
Und schwingt sich in die Lüfte hoch.

»Wat!« – ruft der Frosch, – »dat kann ick och!«
Macht einen ungeschickten Satz,
Fällt auf den harten Gartenplatz,
Ist platt, wie man die Kuchen backt,
Und hat für ewig ausgequakt.

Wenn einer, der mit Mühe kaum
Geklettert ist auf einen Baum,
Schon meint, daß er ein Vogel wär',
So irrt sich der.

Einzelne Gedichte

Die Sache wird bedenklich

Sokrates, der alte Greis,
Sagte oft in tiefen Sorgen:
»Ach, wie viel ist doch verborgen,
Was man immer noch nicht weiß.«

Und so ist es. – Doch indessen
Darf man eines nicht vergessen:
Eines weiß man doch hienieden,
Nämlich, wenn man unzufrieden. –
Abenteuer eines Junggesellen

Es wohnen die hohen Gedanken
In einem hohen Haus.
Ich klopfte, doch immer hieß es:
Die Herrschaft fuhr eben aus!

Nun klopf ich ganz bescheiden
Bei kleineren Leuten an.
Ein Stückel Brot, ein Groschen
Ernähren auch ihren Mann.
Kritik des Herzens

Sehr tadelnswert ist unser Tun,
Wir sind nicht brav und bieder. –

Gesetzt den Fall, es käme nun
Die Sündflut noch mal wieder.

Das wär ein Zappeln und Geschreck!
Wir tauchten alle unter;
Dann kröchen wir wieder aus dem Dreck
Und wären, wie sonst, recht munter.
Kritik des Herzens

Es wird mit Recht ein guter Braten
Gerechnet zu den guten Taten;
Und daß man ihn gehörig mache,
Ist weibliche Charaktersache.
Ein braves Mädchen braucht dazu
Mal erstens reine Seelenruh,
Daß bei Verwendung der Gewürze
Sie sich nicht hastig überstürze.
Dann zweitens braucht sie Sinnigkeit,
Ja, sozusagen Innigkeit,
Damit sie alles appetitlich,
Bald so, bald so und recht gemütlich
Begießen drehn und wenden könne,
Daß an der Sache nichts verbrenne.
In Summa braucht sie Herzensgüte,
Ein sanftes Sorgen im Gemüte,
Fast etwas Liebe insofern,
Für all die hübschen, edlen Herrn,

Die diesen Braten essen sollen
Und immer gern was Gutes wollen.
Ich weiß, daß hier ein jeder spricht:
Ein böses Mädchen kann es nicht.
Drum hab ich mir auch stets gedacht
Zu Haus und anderwärts:
Wer einen guten Braten macht,
Hat auch ein gutes Herz.
Kritik des Herzens

Sie stritten sich beim Wein herum,
Was das nun wieder wäre;
Das mit dem Darwin wär gar zu dumm
Und wider die menschliche Ehre.

Sie tranken manchen Humpen aus,
Sie stolperten aus den Türen,
Sie grunzten vernehmlich und kamen zu Haus
Gekrochen auf allen vieren.
Kritik des Herzens

Beschränkt

Halt dein Rößlein nur im Zügel,
Kommst ja doch nicht allzuweit.

Hinter jedem neuen Hügel
Dehnt sich die Unendlichkeit.

Nenne niemand dumm und säumig,
Der das Nächste recht bedenkt.
Ach, die Welt ist so geräumig,
Und der Kopf ist so beschränkt.
Zu guter Letzt

Geschmacksache

Dies für den und das für jenen.
Viele Tische sind gedeckt.
Keine Zunge soll verhöhnen,
Was der andern Zunge schmeckt.

Lasse jedem seine Freuden,
Gönn ihm, daß er sich erquickt,
Wenn er sittsam und bescheiden
Auf den eignen Teller blickt.

Wenn jedoch bei deinem Tisch er
Unverschämt dich neckt und stört,
Dann so gib ihm einen Wischer,
Daß er merkt, was sich gehört.
Zu guter Letzt

Durchweg lebendig

Nirgend sitzen tote Gäste.
Allerorten lebt die Kraft.
Ist nicht selbst der Fels, der feste,
Eine Kraftgenossenschaft?

Durch und durch aus Eigenheiten,
So und so zu sein bestrebt,
Die sich lieben, die sich streiten,
Wird die bunte Welt gewebt.

Hier gelingt es, da mißglückt es.
Wünsche finden keine Rast.
Unterdrücker, Unterdrücktes,
Jedes Ding hat seine Last.
Zu guter Letzt

Der alte Narr

Ein Künstler auf dem hohen Seil,
Der alt geworden mittlerweil,
Stieg eines Tages vom Gerüst
Und sprach: Nun will ich unten bleiben
Und nur noch Hausgymnastik treiben,
Was zur Verdauung nötig ist.

Da riefen alle: Oh, wie schad!
Der Meister scheint doch allnachgrad
Zu schwach und steif zum Seilbesteigen!

Ha! denkt er, dieses wird sich zeigen!
Und richtig, eh der Markt geschlossen,
Treibt er aufs neu die alten Possen
Hoch in der Luft und zwar mit Glück,
Bis auf ein kleines Mißgeschick.

Er fiel herab in großer Eile
Und knickte sich die Wirbelsäule.

Der alte Narr! Jetzt bleibt er krumm!
So äußert sich das Publikum.
Zu guter Letzt

Die Tute

Wenn die Tante Adelheide
Als Logierbesuch erschien,
Fühlte Fritzchen große Freude,
Denn dann gab es was für ihn.

Immer hat die liebe Gute
Tief im Reisekorb versteckt
Eine angenehme Tute,
Deren Inhalt köstlich schmeckt.

Täglich wird dem braven Knaben
Draus ein hübsches Stück beschert,
Bis wir schließlich nichts mehr haben
Und die Tante weiterfährt.

Mit der Post fuhr sie von hinnen.
Fritzchens Trauer ist nur schwach.
Einer Tute wo nichts drinnen,
Weint man keine Träne nach.

Zu guter Letzt

Zauberschwestern

Zwiefach sind die Phantasien,
Sind ein Zauberschwesternpaar,
Sie erscheinen, singen, fliehen
Wesenlos und wunderbar.

Eine ist die himmelblaue,
Die uns froh entgegenlacht;
Doch die andre ist die graue,
Welche angst und bange macht.

Jene singt von lauter Rosen,
Singt von Liebe und Genuß;
Diese stürzt den Hoffnungslosen
Von der Brücke in den Fluß.

Zu guter Letzt

Sehnsucht

Schon viel zu lang
Hab ich der Bosheit mich ergeben.
Ich lasse töten, um zu leben,
Und bös macht bang.

Denn niemals ruht
Die Stimme in des Herzens Tiefe,
Als ob es zärtlich klagend riefe:
Sei wieder gut.

Und frisch vom Baum
Den allerschönsten Apfel brach ich.
Ich biß hinein, und seufzend sprach ich,
Wie halb im Traum:

Du erstes Glück,
Du alter Paradiesesfrieden,
Da noch kein Lamm den Wolf gemieden,
O komm zurück!
Zu guter Letzt

Pst

Es gibt ja leider Sachen und Geschichten,
Die reizend und pikant,

Nur werden sie von Tanten und von Nichten
Niemals genannt.

Verehrter Freund, so sei denn nicht vermessen,
Sei zart und schweig auch du.
Bedenk: Man liebt den Käse wohl, indessen
Man deckt ihn zu.

Zu guter Letzt

Fink und Frosch

Auf leichten Schwingen frei und flink
Zum Lindenwipfel flog der Fink
Und sang an dieser hohen Stelle
Sein Morgenlied so glockenhelle.

Ein Frosch, ein dicker, der im Grase
Am Boden hockt, erhob die Nase,
Strich selbstgefällig seinen Bauch
Und denkt: Die Künste kann ich auch.

Alsbald am rauhen Stamm der Linde
Begann er, wenn auch nicht geschwinde,
Doch mit Erfolg emporzusteigen,
Bis er zuletzt von Zweig zu Zweigen,
Wobei er freilich etwas keucht,
Den höchsten Wipfelpunkt erreicht

Und hier sein allerschönstes Quaken
Ertönen läßt aus vollen Backen.

Der Fink, dem dieser Wettgesang
Nicht recht gefällt, entfloh und schwang
Sich auf das steile Kirchendach.

Wart, rief der Frosch, ich komme nach.
Und richtig ist er fortgeflogen,
Das heißt, nach unten hin im Bogen,
So daß er schnell und ohne Säumen,
Nach mehr als zwanzig Purzelbäumen,
Zur Erde kam mit lautem Quak,
Nicht ohne großes Unbehagen.

Er fiel zum Glück auf seinen Magen,
Den dicken, weichen Futtersack,
Sonst hätt er sicher sich verletzt.

Heil ihm! Er hat es durchgesetzt.
Zu guter Letzt

Der Wetterhahn

Wie hat sich sonst so schön der Hahn
Auf unserm Turm gedreht
Und damit jedem kundgetan,
Woher der Wind geweht.

Doch seit dem letzten Sturme hat
Er keinen rechten Lauf;
Er hängt so schief, er ist so matt,
Und keiner schaut mehr drauf.

Jetzt leckt man an den Fingern halt
Und hält ihn hoch geschwind.
Die Seite, wo der Finger kalt,
Von daher weht der Wind.

Zu guter Letzt

Die Teilung

Es hat einmal, so wird gesagt,
Der Löwe mit dem Wolf gejagt.
Da haben sie vereint erlegt
Ein Wildschwein, stark und gut gepflegt.

Doch als es ans Verteilen ging,
Dünkt das dem Wolf ein mißlich Ding.

Der Löwe sprach: Was grübelst du?
Glaubst du, es geht nicht redlich zu?
Dort kommt der Fuchs, er mag entscheiden,
Was jedem zukommt von uns beiden.

Gut, sagt der Wolf, dem solch ein Freund
Als Richter gar nicht übel scheint.

Der Löwe winkt dem Fuchs sogleich:
Herr Doktor, das ist was für Euch.
Hier dieses jüngst erlegte Schwein,
Bedenkt es wohl, ist mein und sein.
Ich faßt es vorn, er griff es hinten;
Jetzt teilt es uns, doch ohne Finten.

Der Fuchs war ein Jurist von Fach.
Sehr einfach, spricht er, liegt die Sach.
Das Vorderteil, ob viel, ob wenig,
Erhält mit Fug und Recht der König.
Dir aber, Vetter Isegrim,
Gebührt das Hinterteil. Da nimm!

Bei diesem Wort trennt er genau
Das Schwänzlein hinten von der Sau.
Indes der Wolf verschmäht die Beute,
Verneigt sich kurz und geht beiseite.

Fuchs, sprach der Löwe, bleibt bei mir.
Von heut an seid Ihr Großvezier.
Zu guter Letzt

Zu zweit

Frau Urschel teilte Freud und Leid
Mit ihrer lieben Kuh;

Sie lebten in Herzeinigkeit
Ganz wie auf Du und Du.

Wie war der Winter doch so lang,
Wie knapp ward da das Heu;
Frau Urschel rief und seufzte bang:
O komm, du schöner Mai!

Komm schnell und lindre unsre Not,
Der du die Krippe füllst;
Wenn ich und meine Kuh erst tot,
Dann komme, wann du willst.
Zu guter Letzt

Schein und Sein

Mein Kind, es sind allhier die Dinge,
Gleichviel, ob große, ob geringe,
Im wesentlichen so verpackt,
Daß man sie nicht wie Nüsse knackt.

Wie wolltest du dich unterwinden,
Kurzweg die Menschen zu ergründen.
Du kennst sie nur von außenwärts.
Du siehst die Weste, nicht das Herz.
Schein und Sein

Die Nachbarskinder

Wer andern gar zu wenig traut,
Hat Angst an allen Ecken;
Wer gar zu viel auf andre baut,
Erwacht mit Schrecken.

Es trennt sie nur ein leichter Zaun,
Die beiden Sorgengründer;
Zu wenig und zu viel Vertraun
Sind Nachbarskinder.
Schein und Sein

Niemals

Wonach du sehnlich ausgeschaut,
Es wurde dir beschieden.
Du triumphierst und jubelst laut:
Jetzt hab ich endlich Frieden!

Ach, Freundchen, rede nicht so wild.
Bezähme deine Zunge.
Ein jeder Wunsch, wenn er erfüllt,
Kriegt augenblicklich Junge.
Schein und Sein

Vertraut

Wie liegt die Welt so frisch und tauig
Vor mir im Morgensonnenschein.
Entzückt vom hohen Hügel schau ich
Ins frühlingsgrüne Tal hinein.

Mit allen Kreaturen bin ich
In schönster Seelenharmonie.
Wir sind verwandt, ich fühl es innig,
Und eben darum lieb ich sie.

Und wird auch mal der Himmel grauer;
Wer voll Vertraun die Welt besieht,
Den freut es, wenn ein Regenschauer
Mit Sturm und Blitz vorüberzieht.
Schein und Sein

Rechthaber

Seine Meinung ist die rechte,
Wenn er spricht, müßt ihr verstummen,
Sonst erklärt er euch für Schlechte,
Oder nennt euch gar die Dummen.

Leider sind dergleichen Strolche
Keine seltene Erscheinung.

Wer nicht taub, der meidet solche
Ritter von der eignen Meinung.
Schein und Sein

Wenn man den alten Erdenkloß,
Der, täglich teilweis aufgewärmt,
Langweilig präzis um die Sonne schwärmt,
Genau besieht und wohl betrachtet
Und was darauf passiert, beachtet,
So findet man, und zwar mit Recht,
Daß nichts so ist, wie man wohl möcht.
Der Nöckergreis

Zu Neujahr

Will das Glück nach seinem Sinn
Dir was Gutes schenken,
Sage Dank und nimm es hin
Ohne viel Bedenken.

Jede Gabe sei begrüßt,
Doch vor allen Dingen:
Das, worum du dich bemühst,
Möge dir gelingen.
Schein und Sein

Buch des Lebens

Haß, als minus und vergebens
Wird vom Leben abgeschrieben.
Positiv im Buch des Lebens
Steht verzeichnet nur das Lieben.
Ob ein Minus oder Plus
Uns verblieben, zeigt der Schluß.
Schein und Sein

Woher – wohin?

Woher, wohin

Wo sich Ewigkeiten dehnen,
Hören die Gedanken auf,
Nur der Herzen frommes Sehnen
Ahnt, was ohne Zeitenlauf.

Wo wir waren, wo wir bleiben,
Sagt kein kluges Menschenwort;
Doch die Grübelgeister schreiben:
Bist du weg, so bleibe fort.

Laß dich nicht aufs neu gelüsten.
Was geschah, es wird geschehn.
Ewig an des Lebens Küsten
Wirst du scheiternd untergehn.
Schein und Sein

Dilemma

Das glaube mir – so sagte er –
Die Welt ist mir zuwider,
Und wenn die Grübelei nicht wär,
So schöß ich mich darnieder.

Was aber wird nach diesem Knall
Sich späterhin begeben?

Warum ist mir mein Todesfall
So eklig wie mein Leben?

Mir wäre doch, potzsapperlot,
Der ganze Spaß verdorben,
Wenn man am Ende gar nicht tot,
Nachdem daß man gestorben.
Dideldum

Schlußchor

Was mit dieser Welt gemeint,
Scheint mir keine Frage.
Alle sind wir hier vereint
Froh beim Festgelage.

Setzt Euch her und schaut Euch um,
Voll sind alle Tische;
Keiner ist von uns so dumm,
Daß er nichts erwische.

Jeder schau der Nachbarin
In die Augensterne,
Daß er den geheimen Sinn
Dieses Lebens lerne.

Stoßet an! Die Wonnekraft
Möge selig walten,

Bis die Zeit uns fortgerafft
Zu dem Chor der Alten;

Bis in süßem Unverstand
Unsre Lippen lallen,
Bis das Auge und die Hand,
Bis wir selber fallen. –

Dann so tragt mich nur beiseit
In die dunkle Kammer,
Auszuruhn in Ewigkeit
Ohne Katzenjammer.
Dideldum

Ach, so denkt er, diese Welt
Hat doch viel, was nicht gefällt.
Rosen, Tanten, Basen, Nelken
Sind genötigt zu verwelken;
Auch – und endlich auch durch mich
Macht man einen dicken Strich.
Abenteuer eines Junggesellen

Hartnäckig weiter fließt die Zeit;
Die Zukunft wird Vergangenheit.
Von einem großen Reservoir
Ins andre rieselt Jahr um Jahr;
Und aus den Fluten taucht empor

Der Menschen buntgemischtes Korps.
Sie plätschern, traurig oder munter,
'n bissel 'rum, dann gehen's unter
Und werden, ziemlich abgekühlt,
Für längre Zeit hinweggespült. –
Maler Klecksel

Den Abiturienten

Wohl ehedem, da trank des Weines
Auch ich mein Teil, und zwar kein kleines.
Nun aber muß ich mich bequemen,
Das Ding mehr objektiv zu nehmen,
Um, still verborgen hinterm Zaun,
Wenn and're trinken, zuzuschau'n.
Und wahrlich! Wenn man fünfundfunfzig,
Dann ist es Zeit, daß die Vernunft sich
Vernehmen läßt und leise spricht:
Hör', Alter! Das bekömmt dir nicht!
Auch spürt man, daß man gar nicht mehr
So liebenswürdig, wie vorher.
Da ich denn also fürderhin
Zur Zierde nicht zu brauchen bin,
Und wäre nur wie dürres Reisig
Im frischen Kranz der fünfunddreißig,
Und weil mein Saitenspiel schon staubig,
So seh' ich, fühl' ich, denk' ich, glaub' ich,
Es ist für mich das weitaus Beste,

Ich bleib' von diesem Jubelfeste,
Von Faß und Spaß und Glas und Naß
Zu Haus mit meinem Brummelbaß!
Einzelne Gedichte

Ich kam in diese Welt herein,
Mich baß zu amüsieren,
Ich wollte gern was Rechtes sein
Und mußte mich immer genieren.
Oft war ich hoffnungsvoll und froh
Und später kam es doch nicht so.

Nun lauf ich manchen Donnerstag
Hienieden schon herummer,
Wie ich mich drehn und wenden mag,
's ist immer der alte Kummer.
Bald klopft vor Schmerz und bald vor Lust
Das rote Ding in meiner Brust.
Kritik des Herzens

Also hat es dir gefallen
Hier in dieser schönen Welt;
So daß das Vondannenwallen
Dir nicht sonderlich gefällt.

Laß dich das doch nicht verdrießen.
Wenn du wirklich willst und meinst,

Wirst du wieder aufersprießen;
Nur nicht ganz genau wie einst.

Aber, Alter, das bedenke,
Daß es hier doch manches gibt,
Zum Exempel Gicht und Ränke,
Was im ganzen unbeliebt.
Kritik des Herzens

Du warst noch so ein kleines Mädchen
Von acht, neun Jahren ungefähr,
Da fragtest du mich vertraut und wichtig:
Wo kommen die kleinen Kinder her?

Als ich nach Jahren dich besuchte,
Da warst du schon über den Fall belehrt,
Du hattest die alte vertrauliche Frage
Hübsch praktisch gelöst und aufgeklärt.

Und wieder ist die Zeit vergangen.
Hohl ist der Zahn und ernst der Sinn.
Nun kommt die zweite wichtige Frage:
Wo gehen die alten Leute hin?

Madam, ich habe mal vernommen,
Ich weiß nicht mehr so recht von wem:

Die praktische Lösung dieser Frage
Sei eigentlich recht unbequem.
Kritik des Herzens

Sie war ein Blümlein hübsch und fein,
Hell aufgeblüht im Sonnenschein.
Er war ein junger Schmetterling,
Der selig an der Blume hing.

Oft kam ein Bienlein mit Gebrumm
Und nascht und säuselt da herum.
Oft kam ein Käfer kribbelkrab
Am hübschen Blümlein auf und ab.

Ach Gott, wie das dem Schmetterling
So schmerzlich durch die Seele ging.

Doch was am meisten ihn entsetzt,
Das Allerschlimmste kam zuletzt.
Ein alter Esel fraß die ganze
Von ihm so heiß geliebte Pflanze.
Kritik des Herzens

Der Ruhm

Der Ruhm, wie alle Schwindelware,
Hält selten über tausend Jahre.

Zumeist vergeht schon etwas eh'r
Die Haltbarkeit und die Kulör.

Ein Schmetterling voll Eleganz,
Genannt der Ritter Schwalbenschwanz,
Ein Exemplar von erster Güte,
Begrüßte jede Doldenblüte
Und holte hier und holte da
Sich Nektar und Ambrosia.

Mitunter macht er sich auch breit
In seiner ganzen Herrlichkeit
Und zeigt den Leuten seine Orden
Und ist mit Recht berühmt geworden.

Die jungen Mädchen fanden dies
Entzückend, goldig, reizend, süß.

Vergeblich schwenkten ihre Mützen
Die Knaben, um ihn zu besitzen.

Sogar der Spatz hat zugeschnappt
Und hätt' ihn um ein Haar gehabt.

Jetzt aber naht sich ein Student,
Der seine Winkelzüge kennt.

In einem Netz mit engen Maschen
Tät er den Flüchtigen erhaschen,

Und da derselbe ohne Tadel,
Spießt er ihn auf die heiße Nadel.

So kam er unter Glas und Rahmen
Mit Datum, Jahreszahl und Namen
Und bleibt berühmt und unvergessen,
Bis ihn zuletzt die Motten fressen.

Man möchte weinen, wenn man sieht,
Daß dies das Ende von dem Lied.
Zu guter Letzt

Die Trud

Wahrlich, sagte meine Tante,
Die fast alle Geister kannte,
Keine Täuschung ist die Trud.
Weißt du nicht, daß böse Seelen
Nächtlich aus dem Leibe rücken,
Um den Menschen zu bedrücken
Und zu treten und zu quälen,
Wenn er auf dem Rücken ruht?
Lautlos durch verschloss'ne Türen
Immer näher siehst du's kommen,
Zauberhaft und wunderlich.
Und dir graust es vor dem Dinge,
Und du kannst dich doch nicht rühren,
Und du fühlst dich so beklommen,

Möchtest rufen, wenn's nur ginge,
Und auf einmal hat es dich.

Doch wer klug, weiß sich zu schützen:
Abends beim Zurruhegehn
Brauchst du bloß darauf zu sehn,
Daß die Schuhe mit den Spitzen
Abgewandt vom Bette stehn.
Außerdem hab ich gehört:
Leichtes Herz und leichter Magen,
Wie in andern Lebenslagen
Sind auch hier empfehlenswert.

Zu guter Letzt

Der Spatz

Ich bin ein armer Schreiber nur,
Hab weder Haus noch Acker,
Doch freut mich jede Kreatur,
Sogar der Spatz, der Racker.

Er baut von Federn, Haar und Stroh
Sein Nest geschwind und flüchtig,
Er denkt, die Sache geht schon so,
Die Schönheit ist nicht wichtig.

Wenn man den Hühnern Futter streut,
Gleich mengt er sich dazwischen,

Um schlau und voller Rührigkeit
Sein Körnlein zu erwischen.

Maikäfer liebt er ungemein,
Er weiß sie zu behandeln;
Er hackt die Flügel, zwackt das Bein
Und knackt sie auf wie Mandeln.

Im Kirschenbaum frißt er verschmitzt
Das Fleisch der Beeren gerne;
Dann hat, wer diesen Baum besitzt,
Nachher die schönsten Kerne.

Es fällt ein Schuß. Der Spatz entfleucht
Und ordnet sein Gefieder.
Für heute bleibt er weg vielleicht,
Doch morgen kommt er wieder.

Und ist es Winterzeit und hat's
Geschneit auf alle Dächer,
Verhungern tut kein rechter Spatz,
Er kennt im Dach die Löcher.

Ich rief: Spatz komm, ich füttre dich!
Er faßt mich scharf ins Auge.
Er scheint zu glauben, daß auch ich
Im Grunde nicht viel tauge.
Zu guter Letzt

Auf Wiedersehn

Ich schnürte meinen Ranzen
Und kam zu einer Stadt,
Allwo es mir im ganzen
Recht gut gefallen hat.

Nur eines macht beklommen,
So freundlich sonst der Ort:
Wer heute angekommen,
Geht morgen wieder fort.

Bekränzt mit Trauerweiden,
Vorüber zieht der Fluß,
Den jeder beim Verscheiden
Zuletzt passieren muß.

Wohl dem, der ohne Grauen,
In Liebe treu bewährt,
Zu jenen dunklen Auen
Getrost hinüberfährt.

Zwei Blinde, müd vom Wandern,
Sah ich am Ufer stehn;
Der eine sprach zum andern:
Leb wohl, auf Wiedersehn.

Zu guter Letzt

Der geflügelte Busch

Drei Wochen war der Frosch so krank!
Jetzt raucht er wieder, Gott sei Dank!
Münchener Bilderbogen

Dem Herrn Inspektor tut's so gut,
Wenn er nach Tisch ein wenig ruht.
Münchener Bilderbogen

Erquicklich ist die Mittagsruh,
Nur kommt man oftmals nicht dazu.
Münchener Bilderbogen

Der bravste Krieger förchtet sich
Bei Nacht vor dem Insektenstich.
Münchener Bilderbogen

Der Sultan winkt – Zuleima schweigt
Und zeigt sich gänzlich abgeneigt.
Münchener Bilderbogen

Dieses war der erste Streich,
Doch der zweite folgt sogleich.
Max und Moritz

Jedes legt noch schnell ein Ei,
Und dann kommt der Tod herbei. –
Max und Moritz

Meines Lebens schönster Traum
Hängt an diesem Apfelbaum!!
Max und Moritz

Denn ein heißes Bügeleisen,
Auf den kalten Leib gebracht,
Hat es wieder gut gemacht. –
Max und Moritz

»Gott sei Dank! Nun ist's vorbei
Mit der Übeltäterei!!«
Max und Moritz

Also lautet ein Beschluß:
Daß der Mensch was lernen muß. –
Max und Moritz

Ein Irrtum, welcher sehr verbreitet
Und manchen Jüngling irreleitet,
Ist der: daß Liebe eine Sache,
Die immer viel Vergnügen mache.
Der heilige Antonius von Padua

Du ziehst mir nicht das Grüne an,
Weil ich's nun mal nicht leiden kann.
Die fromme Helene

Helene denkt: »Dies will ich nun
Auch ganz gewiß nicht wieder tun.«
Die fromme Helene

»Oh, sündenvolle Kreatur!
Dich mein ich dort! – Ja, schnarche nur!«
Die fromme Helene

In der Kammer, still und donkel,
Schläft die Tante bei dem Onkel.
Die fromme Helene

Hier sieht man ihre Trümmer rauchen,
Der Rest ist nicht mehr zu gebrauchen.
Die fromme Helene

Es ist ein Brauch von alters her:
Wer Sorgen hat, hat auch Likör!
Die fromme Helene

Und nun vertauscht er mit Bedacht
Das Hemd des Tags mit dem der Nacht.
Die fromme Helene

Das Gute – dieser Satz steht fest –
Ist stets das Böse, was man läßt!
Die fromme Helene

Ein guter Mensch gibt gerne acht,
Ob auch der andre was Böses macht.
Die fromme Helene

Die erste Pflicht der Musensöhne
Ist, daß man sich ans Bier gewöhne.
Bilder zur Jobsiade

Ach, man will auch hier schon wieder
Nicht so wie die Geistlichkeit!! –
Pater Filucius

Drum soll man nie bei Windeswehen
Auf weibliche Gestalten sehen.
Dideldum

Der Konrad leert sein fünftes Glas,
Die Schüchternheit verringert das.
Dideldum

Kaum hat man was, was einen freut,
So macht der Alte Schwierigkeit!
Dideldum

Mir ist alles einerlei.
Mit Verlaub, ich bin so frei.
Abenteuer eines Junggesellen

Na, nun hat er seine Ruh.
Ratsch! – Man zieht den Vorhang zu.
Abenteuer eines Junggesellen

Rotwein ist für alte Knaben
Eine von den besten Gaben.
Abenteuer eines Junggesellen

Nämlich dieses weiß ein jeder:
Wärmehaltig ist die Feder.
Abenteuer eines Junggesellen

Schwierig, aus verschiednen Gründen,
Ist das Schlüsselloch zu finden.
Abenteuer eines Junggesellen

Gehabte Schmerzen,
Die hab ich gern!
Abenteuer eines Junggesellen

Und die Liebe per Distanz,
Kurz gesagt, mißfällt mir ganz.
Abenteuer eines Junggesellen

Werde niemals Ehemann,
Denn als solcher, kann man sagen,
Muß man viel Verdruß ertragen.
Abenteuer eines Junggesellen

Wohlbesorgt ist dieses nun.
Julchen kann was andres tun. –
Julchen

Vater werden ist nicht schwer,
Vater sein dagegen sehr. –
Julchen

Wohl mit Recht bewundert man
Einen Herrn, der reiten kann. –
Julchen

Man hört nichts weiter von Paulinen,
Als: »Döppe, ich verachte Ihnen!«
Die Haarbeutel

Das Wasser in dem Fasse hier
Hat etwa null Grad Reaumur.
Es bilden sich in diesem Falle
Die sogenannten Eiskristalle.
Die Haarbeutel

Ein jeder hebt an seinen Mund
Ein Hohlgefäß, was meistens rund.
Die Haarbeutel

Das Trinkgeschirr, sobald es leer,
Macht keine rechte Freude mehr.
Die Haarbeutel

Enthaltsamkeit ist das Vergnügen
An Sachen, welche wir nicht kriegen.
Die Haarbeutel

Das Schlüsselloch wird leicht vermißt,
Wenn man es sucht, wo es nicht ist.
Die Haarbeutel

Allein man nimmt sich nicht in acht,
Und schlupp! ist man zur Welt gebracht.
Die Haarbeutel

Der Schwarze aber aß seit dieser
Begebenheit fast nur Gemüser.
Fipps der Affe

Der Künstler fühlt sich stets gekränkt,
Wenn's anders kommt, als wie er denkt.
Fipps der Affe

So wird oft die schönste Stunde
In der Liebe Seelenbunde
Durch Herbeikunft eines Dritten
Mitten durch- und abgeschnitten.
Fipps der Affe

Bei dem Duett sind stets zu sehn
Zwei Mäuler, welche offen stehn.
Fipps der Affe

Mit dem Seufzerhauche: U!
Stößt ihr eine Ohnmacht zu.
Plisch und Plum

Wer sich freut, wenn wer betrübt,
Macht sich meistens unbeliebt.
Plisch und Plum

Aber hier, wie überhaupt,
Kommt es anders, als man glaubt.
Plisch und Plum

Die Freude flieht auf allen Wegen;
Der Ärger kommt uns gern entgegen.
Balduin Bählamm

So töricht ist der Mensch. – Er stutzt,
Schaut dämisch drein und ist verdutzt.
Balduin Bählamm

Doch guter Menschen Hauptbestreben
Ist, andern auch was abzugeben.
Balduin Bählamm

Nun meint man freilich, sei die Nacht,
Um nachzudenken, wie gemacht.
Doch oh! wie sehr kann man sich täuschen!
Es fehlt auch ihr nicht an Geräuschen.
Balduin Bählamm

Im Durchschnitt ist man kummervoll
Und weiß nicht, was man machen soll. –
Balduin Bählamm

Ein Prall, ein Schall dicht am Gesicht –
Verloren ist das Gleichgewicht. (…)
Ohrfeige heißt man diese Handlung,
Der Forscher nennt es Kraftverwandlung.
Balduin Bählamm

Groß ist die Welt, besonders oben!
Balduin Bählamm

Es tut nicht gut, wenn man im Bad,
Und nur die Füße draußen hat. –
Balduin Bählamm

Denn früh belehrt ihn die Erfahrung:
Sobald er schrie, bekam er Nahrung.
Maler Klecksel

Das Reden tut dem Menschen gut,
Wenn man es nämlich selber tut.
Maler Klecksel

Hartnäckig weiter fließt die Zeit;
Die Zukunft wird Vergangenheit.
Maler Klecksel

Mit Güte lockt fast überall
Die Frau ihr Schweinchen in den Stall.
Hernach

Guten Tag, Frau Eule!
Habt Ihr Langeweile?
Ja, eben jetzt,
Solang Ihr schwätzt!
Hernach

Stets findet Überraschung statt
Da, wo man's nicht erwartet hat.
Hernach

Wer der Gerechtigkeit folgen will durch dick und dünn,
muß lange Stiefel haben.
Eduards Traum

Für jede angenehme Erwartung
gibt's mindestens drei unangenehme Möglichkeiten.
Der Schmetterling

Die Reiter machen viel Vergnügen,
Besonders, wenn sie drunten liegen.
Kritik des Herzens

Du kennst sie nur von außenwärts.
Du siehst die Weste, nicht das Herz.
Schein und Sein

Vergebens predigt Salomo.
Die Leute machen's doch nicht so.
Reime und Sinnsprüche

Oft ist das Denken schwer, indes
Das Schreiben geht auch ohne es.
Reime und Sinnsprüche

Ein hohler Zahn ist ein Asket,
Der allen Lüsten widersteht.
Reime und Sinnsprüche

Wo man am meisten drauf erpicht,
Grad das bekommt man meistens nicht.
Reime und Sinnsprüche

Obgleich die Welt ja, sozusagen,
Wohl manchmal etwas mangelhaft,
Wird sie doch in den nächsten Tagen
Vermutlich noch nicht abgeschafft.
Reime und Sinnsprüche

Die Welt, das läßt sich nicht bestreiten,
Hat ihre angenehmen Seiten.
An den »Krökelorden«

Sprikker

Dürre Zweige, kurz gebrochen,
Etwas dünner oder dicker,
Um Kaffee dabei zu kochen,
Diese Zweige heißen Sprikker.

Erfüllte Wünsche kriegen Junge, viele wie die Säue.

Wo was wächst, gleich ist wer da, der's frißt.

Ein neues Klavier hat ungeborenen Lärm im Leibe.

Er läßt sich nicht helfen beim Dichten;
der Bauer macht seine Kinder auch selber.

Der Lyriker bringt seine Gefühle zum Markt wie der Bauer seine Ferkel.

Wer hinter die Puppenbühne geht, sieht die Drähte.

Das Feinste fällt durchs Sieb.

»Vielleicht« ist wie ein schlauer Krebs,
der vor- und rückwärts gehen kann.

Es ist der schlimmste Dienst: Sklave eines bösen Weibes zu sein.

Was man besonders gerne tut,
Ist selten ganz besonders gut.

Kunstwerke: Saft, der nicht stark genug eingekocht ist, verdirbt.

In des Dichters Herzen – brennen oft mehrere Kerzen.

Die Geschichte eines Floh's kann so interessant sein
wie die Geschichte Griechenlands.

Fernsicht gibt's, und wär's nur von einem Maulwurfshaufen.

Um Neid ist keiner zu beneiden.

»Genug«, wenn's kommt, ist immer zu wenig, wenn's da ist.

Er saß in der Fülle des Nichts.

Wir mögens keinem gerne gönnen,
Daß er was kann, was wir nicht können.

Dummheit, die man bei andern sieht,
Wirkt meist erhebend aufs Gemüt.

Ich nahm die Wahrheit mal aufs Korn
Und auch die Lügenfinten.
Die Lüge macht sich gut von vorn,
Die Wahrheit mehr von hinten.

Der klugen Leute Ungeschick
Stimmt uns besonders heiter;
Man fühlt doch für den Augenblick
Sich auch einmal gescheiter.

Lachen ist Ausdruck der gekitzelten Eitelkeit.

Höflichkeit ist der Affe der Herzensgüte.

Gesunder Magen bleibt unbeachtet: Viel Arbeit, wenig Dank.

Kein Festland ist die Welt.

Wer auf offener See fährt, richtet sich nach den Sternen.

Der Schuldenmacher gräbt ein Loch,
und ein zweites, um die Erde hineinzubringen.

Scheint die Welt so groß, weil der Kopf so klein?

Wer rudert, sieht den Grund nicht.

Der Beste muß mitunter lügen;
Zuweilen tut er's mit Vergnügen.

Zahlen sind die Naturkräfte, belauscht in ihren Gewohnheiten.

Der Gewinn anderer wird fast wie ein eigener Verlust empfunden.

Er hat den Hals zu voll, um »danke!« zu sagen.

Er wurde behandelt wie das Kaninchen im Affenhause.

Warum er immer so vergnügt war?
Weil er die andern für dümmer hielt als sich selbst.

Wer kann, hat recht.

Jeder ist ein Sack für sich.

Sie hat viel zu tun mit ihren Schmerzen.

Erwischtes Laster verzeiht eher als erwischte Dummheit.

Wem Fortuna ein Haus schenkt, dem schenkt sie auch Möbeln.

Bei den Frühzügen kommt man am häufigsten zu spät.

Glaubenssachen sind Liebessachen.
Es gibt keine Gründe dafür oder dagegen.

Der Glaube, durch Verstand gestützt, ist wie ein Vogel, dem man eine Leiter bringt, dran in die Luft zu steigen.

Wer sich aufs Gebiet des Verstandes begibt,
muß sich den Gesetzen des Landes fügen.

Wer in Glaubenssachen den Verstand befragt,
kriegt unchristliche Antworten.

Er war ein bigotter Rationalist.

Auch das kleinste Ding hat seine Wurzel in der Unendlichkeit, ist also nicht völlig zu ergründen.

Der Philosoph wie der Hausbesitzer hat immer Reparaturen.

Auf der eigenen Leiter steigt man nicht
über die Mauer des verlorenen Paradieses.

Materie ist die Hartnäckigkeit der kleinsten Lebewesen.

Wer anders glaubt, ist schlecht; wer anders denkt, ist dumm.

Alle Worte scharwenzeln um die Wahrheit herum; sie ist keusch.

Zwischen Bös und Gut
Hat sich ein Streit erhoben.
Gut hat keinen Mut,
Bös bleibt oben.

Leben: Die Stucken (Baumstümpfe) kriegt man fürs Ausroden.

Ist Leidenschaft das Wesen der Welt,
so werden Schläge wohl mehr wirken als Worte.

Klatschen heißt: anderer Leute Sünden beichten.

An den alten Bäumen hämmert der Specht am meisten.

Der Tod ist nur die vorläufige Abrechnung.

Die Wahrheit ist zu schlau, um gefangen zu werden.

Niemand holt sein Wort wieder ein.

Ein böses Wort läuft bis ans Ende der Welt.

Lästige Gedanken sind wie zudringliche Stechmücken.

Mancher ertrinkt lieber als daß er um Hilfe ruft.

Die Reue wegen Unterlassung einer bösen Tat, ist, fürcht' ich, nur zu häufig.

Man tadelt oft den Lasterhaften, weil man ihn beneidet.

Je älter man wird, desto mehr findet sich Ersatz
der natürlichen Liebenswürdigkeit durch künstliche.

Seine Liebe war ewig. Als seine Frau starb, nahm er eine andere.

Eine Schwäre peinigt mich. – Wo denn sitzt sie? – da, wo ich.

Kalte Füße sind lästig, besonders die eigenen.

Wer Schläge will, muß auf die Kirchweih tanzen gehn.

Sie ist so unruhvoll, als hätte sie einen Floh im Herzen.

Er ist so freudenvoll, daß ihm der Stöpsel aus der Seele fliegt.

Die Bäume fahren im Frühling aus der Haut.

Ein Onkel, der Gutes mitbringt, ist besser als eine Tante, die bloß Klavier spielt.

Der Ungeduldige fährt sein Heu naß ein.

Er leidet an einseitiger Liebe.

Dem Horcher guckt die Seele aus den Ohren.

Wenn man es nur versucht, so geht's.
Das heißt: mitunter, doch nicht stets.

Bemüh' dich nur und sei hübsch froh,
Der Ärger kommt schon sowieso.

Gedanken sind nicht stets parat,
Man schreibt auch, wenn man keine hat.

Mitunter sitzt die ganze Seele
In eines Zahnes dunkler Höhle.

Nachwort

Wilhelm Busch als Dichter

Ein künstlerischer Beruf war ihm nicht in die Wiege gelegt. Der Vater bestimmte ihn zum Maschinenbauer. Er selbst träumte schon als Jugendlicher davon, Maler zu werden. Und doch wurde er einer der genialsten Reimeschmiede, die die deutsche Sprache hervorgebracht hat. Verständlicherweise denkt man dabei zuerst an ›Max und Moritz‹ oder ›Die fromme Helene‹ oder eine seiner zahlreichen anderen Bildergeschichten, denn in diesem Metier ist er nun einmal der Meister. Aber Busch brauchte die Zeichnung nicht unbedingt, um witzig, bissig oder geistreich zu sein. Er konnte genauso gut ohne. Und er konnte ernsthaft sein und nachdenklich und sentimental. Meistens aber ritt ihn auch als Lyriker der Schalk; obwohl – eigentlich trifft dieser Ausdruck nicht ganz zu, denn so gekonnt, wie Busch dichtete, ist ziemlich klar, wer die Zügel in der Hand hielt.

Busch war 42 Jahre alt und bereits ein bekannter Mann, als er 1874 seinem Verleger eine Sammlung von 80 Gedichten schickte, die absichtlich keinerlei Zeichnungen enthielt. Glaubt man seinem Neffen Otto Nöldeke, so wollte Busch damit dem Gerede entgegenwirken, die Texte zu seinen Zeichnungen seien nicht von ihm selbst verfasst. Denkbar wäre das bei Buschs Arbeitsweise zwar gewesen, denn er schrieb seine Verse immer erst, nachdem er die Geschichten bereits gezeichnet hatte, aber er war eben nicht nur Maler und Zeichner, sondern auch Schriftsteller. Offenbar mochten viele nicht glauben, dass gleich zwei Talente auf so hohem Niveau von einem einzigen Künstler ausgeübt werden konnten. In seinem Werk wird jedoch deutlich, dass es in seinem Universum viele Gedanken gab, die der Bilder nicht bedurften.

Nun hatte er also »reine« Gedichte geschrieben, mit denen er nach seiner eigenen Aussage die Absicht hatte, »möglichst schlicht ... die Wahrheit zu sagen«. Die Sammlung trägt den doppeldeutigen Titel ›Kritik des Herzens‹, der zunächst falsche Erwartungen weckt. Denn anders, als man annehmen könnte, unterzog hier nicht ein gefühlvoller Mensch die böse Welt da draußen einer kritischen Betrachtung. Ziel der Kritik war umgekehrt das Herz: Metapher für den menschlichen Willen zum Leben und Überleben, der uns zu Handlungen motiviert, die seiner Meinung nach nur im Ausnahmefall als gut bezeichnet werden können. Das Herz des Menschen ist ein Abgrund – das ist die Wahrheit, mit der Wilhelm Busch als Lyriker an die Öffentlichkeit trat.

Wie seine Zeichnungen, so frappieren auch diese Gedichte durch genaue Beobachtung und Treffsicherheit. Busch verstand es, pointiert darzustellen, was ihm an seinen Zeitgenossen aufstieß. Mit sanfter Ironie, mit bissiger Satire oder einfach nur mit Spaß an der Freude entlarvte er ihre Ordnung als Langeweile, ihre Moral als verlogen, ihre

Frömmigkeit als Heuchelei: kein leichter Stoff für die euphorische Gesellschaft der Gründerjahre. Was Busch hier vorstellte, hatte nichts mit Butzenscheibenlyrik zu tun. Erst recht nicht mit dem offiziellen Klassizismus. Noch dazu erinnerte es in Sprache und Technik deutlich an einen Dichter, den man in dieser Zeit so gar nicht hören wollte: an Heinrich Heine. An dessen Spott geschult, weigerte sich Busch, das Hohelied des Menschentums zu singen, um stattdessen von Wesen zu berichten, die eitel waren und böse, lasterhaft und schwach. Man kann sich gut vorstellen, dass ein solches Buch nicht eben Begeisterungsstürme hervorrief. Das Publikum erwartete von Gedichten etwas anderes als Respektlosigkeiten im Umgang mit so hohen Themen wie Liebe, Religion, Moral und Menschheit. Proteste blieben daher nicht aus. Ein Generalkonsul mit dem bezeichnenden Namen Spieß etwa schrieb einen empörten Brief an den Verlag, sprach von schmutzig-lasziv bedenklicher Neigung zum Obszönen, von Missgeburten, von Ekel und Widerwillen. Nun ja, Busch hatte die Wahrheit sagen wollen. Jetzt hatte er die Bescherung.

30 Jahre lang ließ er dann auch die Finger davon und widmete sich lieber wieder seinen Bildergeschichten. Erst 1904 erschien mit ›Zu guter Letzt‹ ein neuer Gedichtband. Zum Zeitpunkt seiner Entstehung hatte Busch das Malen und Zeichnen seiner Augen wegen bereits aufgegeben, aber seine Kreativität hatte deswegen nicht nachgelassen. Neben der Groteske ›Eduards Traum‹ und der autobiografisch gefärbten Erzählung ›Der Schmetterling‹ schrieb er eine Vielzahl von Gedichten, die in ›Zu guter Letzt‹ und in

dem posthum veröffentlichten Band ›Schein und Sein‹ erschienen. Ihre Stoßrichtung war noch immer die gleiche und sie waren nicht weniger respektlos geworden, aber man merkt, wie wohltuend die Gelassenheit des Alters über den Autor gekommen war. Hier sprach sich einer aus, der abgeklärt und voller Verständnis auf das Leben blickte, in dem er selbst all die Fehler begangen hatte, die er am närrischen Menschengeschlecht erkannte.

Was nun an Weisheiten in diesen Gedichten enthalten ist, verdankte sich nicht nur der Lebensklugheit eines vielgereisten Mannes und nicht nur der Bauernschläue des Dorfbewohners, der die Erkenntnisse von Generationen gesammelt und aufgenommen hatte. Es sind auch die Weisheiten eines geistreichen und scharfsinnigen Denkers. Denn Busch begann bereits früh, sich mit Philosophie zu beschäftigen, mit Schopenhauer vor allem, und man kann, wenn man will, den Einfluss dieses pessimistischen Denkers auf das Werk Wilhelm Buschs an vielen Stellen nachweisen. Schopenhauers Gedanken tauchen fast unverändert hier wieder auf. Da ist der Glaube an Seelenwanderung und Wiedergeburt, die Überzeugung von der Unerfüllbarkeit persönlicher Wünsche und Bedürfnisse, die Vorstellung vom menschlichen Willen als dem schlechthin Bösen, mithin von der natürlichen Bosheit des Menschen und der Nutzlosigkeit der Erziehung, und vor allem ist da die gleiche pessimistische Weltsicht.

Alles, was schiefgehen kann, geht irgendwann schief. Man könnte glauben, Wilhelm Busch hätte es sich zur Lebensaufgabe gemacht, diese Regel vom zwangsläufigen

Fehlermachen in möglichst einprägsame Bilder zu bannen, damit sie nie mehr vergessen wird. Da passieren Dinge mit eben dieser Zwangsläufigkeit, die über den normalen Fall der Brotschnitte auf die Butterseite weit hinausgehen. Ein beidseitig angespitzter Bleistift führt bei ihm ganz von selbst zu einem doppelten Todesfall; eine brennende Kerze hat immer gute Aussichten, entweder in ein Nasenloch zu geraten oder einen Brand zu entfachen, selbstverständlich ebenfalls mit tödlichen Folgen. Und wenn schon harmlose Dinge solche Katastrophen hervorbringen, was passiert dann nicht alles, wenn erst der Mensch auf den Plan tritt? Die Dinge nämlich besitzen bei Busch lediglich die bekannte Tücke des Objekts. Die Menschen aber, und daran hatte Busch keinen Zweifel, die Menschen sind schlecht – einerlei, ob sie Spitzbuben sind, Lehrer, Beamte, verhinderte Dichter oder Pfarrer. Unabhängig davon, wie unschuldig und fromm sie aussehen: sie haben Böses im Sinn und wenn die Versuchung an sie herantritt, können sie nicht widerstehen. Da hilft weder beten noch Askese, der Mensch ist schwach, er muss erliegen.

Hundert Jahre nach Rousseaus ›Émile‹ trat einer auf den Plan, der von unserer grundsätzlichen Bosheit überzeugt war. Erziehung ist zwecklos. Weder Prügel noch gute Worte taugen bei Busch dazu, den grundsätzlich zu Schandtaten aufgelegten Menschen wesentlich zu bessern. »Vergebens predigt Salomo./Die Leute machen's doch nicht so«. Unabhängig davon, wie viel von dieser pessimistischen Einstellung Schopenhauer zu verdanken ist, stellt sich nun die Frage, wie jemand, den die Natur mit so viel Humor gesegnet hatte, dazu kam, ein Weltbild anzunehmen, das dem Leben so wenig Gutes zutraute. Ziehen wir, um diesen scheinbaren Widerspruch zu verstehen, kurz seine Biografie zu Rate.

Wilhelm Busch wurde 1832 in dem kleinen Dorf Wiedensahl in Niedersachsen geboren. Der Vater hatte einen Krämerladen, die Mutter versorgte das Haus und die Kinder, womit sie genug zu tun hatte, denn Wilhelm war der Älteste von acht Geschwistern, und alle sollten nach dem Willen des Vaters studieren; nein, nicht alle, nur die Söhne, versteht sich, befinden wir uns doch in der Mitte des 19. Jahrhunderts. Wilhelm sollte Maschinenbauer werden, daher schickte man ihn im Alter von neun Jahren zu Pastor Georg Kleine, dem Bruder der Mutter, nach Ebergötzen in der Nähe von Göttingen: Ein schwerer Schlag für seine kindliche Gefühlswelt, aber ein Glücksfall für seine weitere Entwicklung, denn in Ebergötzen wurden die Grundlagen für jene Kunst gelegt, mit der er weltberühmt werden sollte. Pastor Kleine verschaffte ihm nicht nur eine gute Allgemeinbildung, er lehrte ihn auch die Kunst des genauen Beobachtens, die Grundkenntnisse in Malen und Zeichnen und alles Wichtige, was er über Metrik wissen musste.

Wilhelm unterwarf sich zunächst dem Willen des strengen, vor allem sittenstrengen Vaters und erwies sich am Polytechnikum in Hannover als Musterschüler. Mit 19 Jahren aber beendete er eigenmächtig dieses Studium; er wollte Maler werden, ging zuerst nach Düsseldorf und später nach Antwerpen, wo er sich vor allem dem Studium der alten holländischen Meister widmete. Es war dies ein bemerkenswerter Schritt für einen jungen Mann, der im streng rational ausgerichteten protestantischen Tugendkanon erzogen worden war und noch dazu finanziell von seiner Familie abhing. Busch musste sich die Vorwürfe seines enttäuschten Vaters gefallen lassen, führte aber trotzdem über Jahre ein Leben, das, nach dessen Maßstäben, nur als lasterhaft bezeichnet werden konnte. Nicht nur, dass er den provozierend unsicheren Beruf eines Künstlers ergreifen wollte, er studierte auch nicht ordentlich, weil ihm der offizielle Stil der Akademien buchstäblich gegen den Strich ging. Mittellos trieb er sich nächtelang mit Gleichgesinnten aus dem Künstlerverein »Jung München« herum, er rauchte und trank, versuchte sich hier und dort, war ein bunter Schmetterling, der durch das Leben bummelte, wie er es gelegentlich selbst beschrieb.

Als 26-Jähriger verdiente er zum ersten Mal eigenes Geld. Der Verleger Caspar Braun hatte seine Karikaturen entdeckt und ihn als Mitarbeiter für die satirische Zeitschrift ›Fliegende Blätter‹ gewonnen. Busch illustrierte zunächst fremde Texte, entwickelte aber bald eigene Geschichten und lieferte die Zeichnungen dazu: Ein Lichtblick und der Beginn seiner Karriere, aber kein Grund, glücklich zu sein, ließ sich doch mehr und mehr absehen, dass es ihm nicht gelingen würde, sich als Maler eine Existenz aufzubauen. Stattdessen musste er mit einem, wie er dachte, zweitklassigen Nebenprodukt seiner eigentlichen Leidenschaft sein Dasein fristen. Diese Unzufriedenheit spiegelte sich in äußerer Unruhe wider. Immer noch auf der Suche, führte er ein unstetes Leben zwischen München und seiner norddeutschen Heimat. Ohne zu wissen, was aus ihm werden sollte, arbeitete er an einer Märchensammlung und hoffte vergeblich auf eine Veröffentlichung, trug sich mit dem Gedanken, Bienenzüchter in Brasilien zu werden, arbeitete für ein Liebhaber-Theater und stürzte sich erneut in das vergnügliche Leben des Münchner Vereins.

Er war darüber alles andere als glücklich. Es quälte ihn ein permanenter »moralischer Katzenjammer« – Ausdruck eines starken Über-Ich, das ihn bis ins hohe Alter nicht loslassen sollte. Und noch zwei weitere Dinge bedrückten ihn sein Leben lang: Er sollte es bis zu seinem Tod nicht schaffen, sich von einer starken Nikotinsucht zu befreien, und es gelang ihm nie, eine dauerhafte Beziehung zu einer Frau aufzubauen.

Vom Standpunkt der Gesellschaft aus war Buschs Ausbruchsversuch gescheitert, und für den größten Teil seines Lebens sah er sich selbst als jemanden, der seine Ziele nicht erreicht hatte, selbstverschuldet, wie er meinte, denn er war der Überzeugung, dass er »im Grunde nicht viel tauge«: Gründe genug also, Gefallen an einer Philosophie zu finden, die all diese Erfahrungen bestätigte. Ein resignativer und melancholischer Zug legte sich auf Buschs Gemüt, noch lange bevor er sich der Hälfte des Lebens genähert hatte. Und je älter er wurde, desto größer wurde sein Hang zur Einsamkeit, der ihn immer öfter und immer länger in die Abgeschiedenheit seiner norddeutschen Heimat trieb.

Trotzdem erschienen über einen Zeitraum von fast vierzig Jahren regelmäßig neue Arbeiten aus seiner Feder, die von großer Lebendigkeit zeugten: Die dreiteiligen Abenteuer des Herrn Knopp, ›Fipps, der Affe‹, ›Balduin Bählamm‹ – Schöpfungen, die Generationen von Kindern und Erwachsenen zum Lachen brachten und immer noch bringen. Wie passt das zusammen?

Busch gibt uns einen entscheidenden Hinweis in der ›Kritik des Herzens‹ im Gedicht von dem Vogel, der auf dem Leim sitzt, während ein Kater um ihn herumschleicht: Sinnbild für den Menschen, der aus seiner Haut nicht heraus kann, während der Tod ihm immer näherkommt. Buschs Rezept, mit diesem Dilemma umzugehen ist einfach:

Der Vogel denkt: Weil das so ist
Und weil mich doch der Kater frißt,
So will ich keine Zeit verlieren,
Will noch ein wenig quinquilieren
Und lustig pfeifen wie zuvor.
Der Vogel, scheint mir, hat Humor.

Es ist dies zugegebenermaßen keine ernsthafte Auseinandersetzung mit den letzten Problemen der Menschheit, die der »Vogel« Busch hier betrieb, und in diesem, wie in vielen anderen Gedichten legt er uns eher augenzwinkernd eine Philosophie des Alltags nahe. Aber wer behauptet eigentlich, dass Weisheiten immer ernst sein müssen? Wilhelm Busch jedenfalls verstand es aufs Beste, seine Weisheiten und Wahrheiten lachend zu sagen, und wenn man damit auch nicht unbedingt die Prinzipien des Weltgebäudes verstehen lernt, so wird man es mit seiner Hilfe vielleicht doch schaffen, den einen oder anderen Widerspruch des Lebens in einem herzhaften Lachen aufzulösen. »Bemüh' dich nur und sei hübsch froh,/Der Ärger kommt schon sowieso.«

Wilhelm Busch war nicht »der lachende Weise aus Wiedensahl«, wie er oft genannt wurde. Er war ein melancholisch veranlagter Mensch, der sich schwer damit tat, seinen Platz in dieser Welt zu finden. Dass er es trotzdem schaffte, große und kleine Menschen über einen Zeitraum von mehr als hundertfünfzig Jahren zum Lachen zu bringen, beweist nichts anderes, als dass er ein großer Künstler war.

Günter Stolzenberger

Editorischer Hinweis

Für den vorliegenden Band wurden die Texte der Ausgabe Wilhelm Busch, Sämtliche Werke in sieben Bänden. Herausgegeben von Otto Nöldeke, Verlag Braun & Schneider, München 1943ff. zugrunde gelegt.